MACHT UM WELT

UEBERREUTER

ISBN 978-3-8000-7332-0

Umschlaggestaltung: Maria Schuster unter Verwendung eines Gemäldes von Dieter Preisl
Konzept der Edition: Alfred Zellinger
Redaktion und Lektorat: Gudrun Likar

Druck: Druckerei Theiss GmbH, A-9431 St. Stefan i. L.
7 6 5 4 3 2 1

Ueberreuter im Internet: www.ueberreuter.at

INHALT

VORWORT

Meine Damen und Herren,
liebe Leser der BAWAG Edition!

Gute Dinge soll man beibehalten, auch wenn Vieles sich ändert. Die »BAWAG PSK Edition Literatur« – wir nehmen uns heraus, sie zu den zitierten »guten Dingen« zu zählen – wird fortgesetzt und widmet sich dem nächsten Thema. Wie alljährlich ist es eins, das – wie man es im aktuellen Idiom ausdrücken könnte – gerade und wieder einmal einem besonderen »Hype« unterliegt: die Umwelt.
Nicht, dass nicht schon seit Jahrzehnten viel über Umweltthemen geschrieben, geforscht und verhandelt würde – wir glauben aber, dass dies mehr denn je notwendig und dass zudem jetzt ein differenzierteres Herangehen an Umweltthemen möglich ist.
Unser schon traditionelles Wort(Vexier)Spiel für den Buchtitel lautet diesmal

MACHT
UM
WELT

Man sollte den Titel durchaus auch als Aufforderung verstehen: macht, also: gestaltet die Umwelt. Jedenfalls sollte es nicht nur darum gehen, wie man diese Umwelt möglichst unverändert bewahrt, sondern auch wie man sie aktiv formt. Und wir wollen in diesem Essayband nicht allein die engagierten Umweltaktivisten zu Wort kommen lassen. Diese haben zweifellos eine wichtige Funktion, speziell angesichts der unrühmlichen Rolle mancher Staaten beim Hintertreiben des Versuchs, internationale Umweltschutzstandards zu schaffen.

Wir wollten auch die Visionäre zu Wort kommen lassen, die Gestalter, die Nachkommen der einstigen »Städtegründer« und Weltentdecker. Umwelt bewahren und sie aktiv gestalten muss kein Gegensatz sein. Umwelt bloß zu »retten«, greift heute vielfach zu kurz; um zu retten, was zu retten ist, heißt es, einzugreifen.
Warum sollte der Mensch nur als Verbraucher oder Zerstörer der Umwelt bezeichnet, warum nicht auch als Schöpfer gefeiert werden?
Und: Gibt's nicht auch eine Art geistiger Umweltverschmutzung, deren negative Folgen der materiellen um nichts nachstehen?
Das waren unsere Vorgaben zum Thema; ob und wie weit diese in den nun konkret vorliegenden Texten erfüllt worden sind, mögen Sie beurteilen. Lassen Sie sich überraschen.

Wir bemühten uns wieder, die für diese Themen meistengagierten, bestinformierten und relevanten Persönlichkeiten zu gewinnen; dem Thema entsprechend überwiegen diesmal wieder wissenschaftliche und journalistische Autorinnen und Autoren. Wir sind stolz auf deren Mitwirkung an diesem Band.

Das Buch wird wieder in einer hohen Auflage von Ueberreuter verlegt, und es wird auch diesmal wieder – wie bereits äußerst erfolgreich in den letzten Jahren – in einer Kooperation mit der Tageszeitung »DER STANDARD« den österreichischen Schulen als Klassenlektüre angeboten.

Viel Vergnügen zu wünschen ist angesichts des ernsten Themas wohl fragwürdig, aber ich wünsche Ihnen, Sie mögen in diesem Buch auf Gedanken stoßen, die geeignet sind, Ihr Leben zu verändern.

Herzlichst Ihr
Ewald Nowotny

Franz Fischler

MACHT UM WELT

Mit der Macht ist es ein bisschen so wie mit dem freien Willen: Wir glauben, sie zu haben, aber oft sind es doch andere, die die Herren im Hause sind. Wir glauben, zumindest eine Zeit lang tun und lassen zu können, was wir wollen, wir fühlen uns als »die Krone der Schöpfung«, und nehmen die Worte, »uns die Erde untertan zu machen«, allzu wörtlich. Wir tun so, als wären die Schätze der Natur unerschöpflich oder als würden zumindest immer rechtzeitig Lösungen für jedes Problem gefunden, und sind dann völlig überrascht – ja oftmals empört –, dass die Naturkräfte uns mit ungeheurer Wucht in die Schranken weisen und uns unsere Ohnmacht vor Augen führen. Wie heißt es so schön: »Mit der Natur führt man keine Kompromissgespräche.« Wenn das Fass voll ist, ist es voll. Aus.

Aber selbst wenn wir alle Macht besäßen, stellte sich dennoch die Frage: Haben wir auch das Recht, so zu leben, als wären wir die letzte Generation auf diesem Globus? Das mag übertrieben sein, aber fest steht: Wir Menschen haben zwar ein Recht auf Leben, aber das gilt für alle Menschen und über die Generationen hinweg. Dieses Recht ist unteilbar und bleibt nur so lange ein Recht, solange wir uns entlang der »goldenen Regel« bewegen, die da lautet: »Was du nicht willst, dass man dir tu, das füg auch keinem andern zu.« Diese Regel ist die ethische Grundlage für die Nachhaltigkeit. Wir müssen so leben, dass auch die künftigen Generationen die Möglichkeit haben, ihre Bedürfnisse in der Qualität zu befriedigen, wie wir es für uns selbst in Anspruch nehmen. Das heißt nicht, dass wir von den Naturgütern keinen Gebrauch machen dürften, aber wir müssen mit ihnen haushalterisch umgehen. Häufig übertreten wir heute eindeutig unser Recht, denn eines ist klar: Würden alle Menschen so leben wie wir in den reichen Industriestaaten, die Welt würde aus allen Nähten platzen. Und selbst wenn wir unsere Lebensweise anderen Ländern nicht auch als deren Recht zusprächen, wofür es allerdings kein schlüssiges Argument gibt, es ginge sich dennoch nicht aus. Wir leben auf zu großem Fuß und hinterlassen zu große und zu tiefe Fußabdrücke, wie sich am Klimawandel, an den schwindenden Ressourcen und anderen Tatsachen zeigt. Wir haben unsere »Macht um Welt« so weit überspannt, dass uns die Umwelt bereits gehörig die Zähne zeigt: Ihr seid zu weit gegangen!

Natürlich können wir sagen, wir haben bislang – wenn es darauf angekommen ist – jede Krise gemeistert, bis jetzt ist nichts Tragisches passiert – abgesehen von Katastrophenopfern oder den ersten Klimaflüchtlingen, die vor den Toren Europas buchstäblich stranden. Die Welt steht immer noch, und uns geht es, gemessen an unserem Reichtum, der uns zur Verfügung steht, so gut wie keiner Generation vor uns. Aber machen wir uns nichts vor: Genauso wie jeder Einzelne von uns scheitern kann – und oftmals auch tut –, genauso können wir auch als Zivilisation scheitern. Auch das ist nicht neu, wie die Geschichte lehrt. Eines der krassesten Beispiele für ein solches Scheitern sind wohl die Osterinseln, deren Bewohner in ihrem Wettbewerbswahn um den Bau der größten Skulpturen (die man heute noch sehen kann) sämtliche Ressourcen verbraucht und sich selbst buchstäblich ausgerottet haben.

Ich will hier nicht den Teufel an die Wand malen, aber allen Beschwichtigern und »Uns-wird schon-nichts-passieren-Denkern« ins Stammbuch schreiben: Gegessen ist die Sache

noch nicht. Auch wir sind auf dem »besten« Wege, unseren Kindern statt Chancen einen Berg von Problemen zu hinterlassen. Jeden Tag wird im Ausmaß der Fläche von Tausenden Fußballplätzen Regenwald gerodet; wir Industriestaaten sind es, die dem Klima am meisten »einheizen«, wir haben das Trinkwasser in weiten Teilen der Welt zu einer Mangelware gemacht etc. Dadurch wird sich auch der »Macht-Kampf um Welt« noch wesentlich verschärfen.
Was aber tun? Den Kopf in den Sand stecken und warten, bis das Leben vorüber ist? Wohl kaum. Die Menschheit hat – davon bin ich überzeugt – das nötige Rüstzeug, um die Probleme zu lösen, vor denen sie steht, aber nur dann, wenn der entsprechende Wille vorhanden ist. Die Frage ist daher: Wollen wir? Und was ist, wenn uns die notwendige Energie fehlt, wie es derzeit der Fall zu sein scheint? Es bleibt nichts anderes übrig, als dass jene, die den Ernst der Lage erkennen, konstruktiv an Alternativen arbeiten und diese auch umsetzen. Das wirkt einerseits ansteckend und macht es andererseits möglich, an die Zögerlichen mit klaren Forderungen heranzutreten.
An einem Modell für nachhaltiges Wirtschaften fehlt es jedenfalls nicht. Was in Österreich bereits in den Achtzigerjahren im Prinzip als ökosoziales Wirtschaftsmodell beschrieben wurde, ist heute Inhalt des Zielkatalogs der europäischen Verfassung. Da ist sowohl von Nachhaltigkeit die Rede als auch davon, dass eine leistungsfähige Ökonomie soziale Verantwortung und einen haushalterischen Umgang mit der Umwelt pflegen muss. Man geht in der Verfassung sogar noch einen Schritt weiter und verlangt, dass auch kulturelle Werte in diese gesamthafte Betrachtung des Wirtschaftens und des sozialen Zusammenlebens miteinbezogen werden.
Sosehr also Einigkeit über die Prinzipien eines nachhaltigen ökosozialen Gesellschaftsmodells herrscht, so sehr divergieren vielfach die Ansichten über das Wie. Insbesondere bei der Frage, wie viel Problemlösungskapazität man den

berühmten Selbstregulierungskräften des Marktes zutrauen kann und wie viel Staatseingriff erforderlich ist, scheiden sich die Geister. Die Kontinentaleuropäer, insbesondere die Franzosen, misstrauen über weite Strecken der Leistungskraft des Marktes, während die Angelsachsen kritisieren, dass dem Markt nur nicht ausreichend Raum gegeben wird, um seine Wohlfahrtswirkung zu entfalten. Wie meistens bei derartigen Flügelkämpfen liegt die Realität irgendwo in der Mitte, was gleichzeitig bedeutet, dass die Kontinentaleuropäer alle nicht unbedingt notwendigen Elemente von Staatsinterventionismus aufgeben und die Angelsachsen anerkennen, dass der Staat sehr wohl zentrale Aufgaben etwas im Bereich der Daseinsvorsorge, der Wettbewerbskontrolle oder der Sicherheit nach innen und außen zu erfüllen hat.

Ökosoziale Modelle sind zugleich Gegenmodelle zum international vorherrschenden Marktfundamentalismus, der uns in die Situation gebracht hat, in der wir uns heute befinden. »Die unsichtbare Hand des Marktes muss ab und zu selbst an der Hand genommen werden«, meinte Pascal Lamy, derzeitiger Chef der WTO, im Zusammenhang mit der Frage, wie man den Welthandel nachhaltiger gestalten könnte. Der Markt kann zwar die Effizienz erhöhen, aber nicht die Effektivität: Wir müssen die richtigen Rahmenbedingungen vorgeben und klarstellen, was uns wichtig ist.

Das kann vielfach nur auf supra- oder internationaler Ebene geschehen. Entweder, weil ein Problem vor den nationalen Grenzen nicht haltmacht – siehe das Beispiel Klimawandel –, oder weil eine nationale Lösung zu unvertretbaren (Wettbewerbs-)Nachteilen für die heimische Wirtschaft führt – wenn wir beispielsweise national zu strenge Umweltauflagen einführen. Probleme auf der supra- bzw. internationalen Ebene zu lösen, scheint jedoch aufgrund der bisherigen Ergebnisse ein fast unerreichbares Anliegen. Zu groß sind die Interessenungleichheiten, zu dominierend die nationalen Egoismen, zu klein das Bewusstsein, dass wir alle längst im »Globalen

Dorf« leben. Wir brauchen uns nichts vorzumachen: Mit den alten Denkansätzen werden wir die Herausforderungen, vor denen wir ökologisch, wirtschaftlich, sozial, aber auch kulturell stehen, nicht lösen. Wir müssen das dem Marktfundamentalismus zugrunde liegende Prinzip – »Wenn jeder auf sich selber schaut, ist für alle gesorgt« – ändern und uns bewusst machen, dass für uns gesorgt ist, wenn wir immer einen Blick auf das Ganze haben. Wir brauchen den Schritt vom (National-)Egoismus zum Gemeinwohl. Damit ist unsere weltweite soziale Verantwortung angesprochen. Das marktwirtschaftliche System führt erfahrungsgemäß nicht automatisch zu einem besseren sozialen Gleichgewicht. Die Grundvoraussetzung, um aus dem Markt Nutzen zu ziehen, ist nämlich, zumindest ein Marktteilnehmer zu sein. Wenn aber eine Volkswirtschaft (oder Teile davon) nicht in der Lage ist, vermarktbare Produkte herzustellen, dann werden die Unterschiede zwischen Arm und Reich größer, nicht kleiner – eine Situation, die wir in vielen der ärmsten Staaten Afrikas und Asiens antreffen. Ähnliche Phänomene sind auch in Schwellenländern zu beobachten, wo zwar die Volkswirtschaft als Ganzes zum Teil sogar exorbitant rasch wächst, dieses Wachstum jedoch mangels Umverteilungsmechanismen und demokratischer Kontrolle nur den wenigen reichen Magnaten zugutekommt. Wie sonst wäre es möglich, dass in China immer noch 550 Mio. Menschen von weniger als zwei Dollar am Tag leben müssen oder dass in Brasilien, dem weltweit größten Exportland von agrarischen Grundstoffen, Millionen Menschen Hunger leiden müssen? Diese Dinge zu ändern, ist unser aller Aufgabe, und wir brauchen dafür nicht einmal die Moral zu bemühen, bei genauerer Analyse zeigt sich nämlich, dass die Beiträge zur Entwicklung, richtig eingesetzt, durchaus nach einiger Zeit in die Geberländer zurückfließen. Wir müssen daher die Erfahrungen, die die Amerikaner nach dem Krieg mit dem Marshallplan gemacht haben, oder die Erfolge, die die europäische Strukturpolitik

in den neuen Mitgliedsstaaten gerade für Österreich bewirkt, globalisieren.
Solche Win-win-Lösungen wären im Hinblick auf die Entwicklungsländer, dass wir – der reiche »Norden« – endlich bereit sind, mehr Geld für die Entwicklungszusammenarbeit in die Hand zu nehmen, dieses Mehr an Geld aber zugleich an die schrittweise Umsetzung von ökologischen und sozialen Kriterien binden. Die Industrienationen halten nämlich ihr schon vor mehr als dreißig Jahren gegebenes finanzielles Versprechen noch immer nicht ein; denn bereits in den Siebzigerjahren wurden im Rahmen der UN von den Industriestaaten 0,7 Prozent des BNE für Entwicklungszusammenarbeit zugesagt. Auf der anderen Seite erfüllen viele Entwicklungsländer nicht einmal ein Minimum an für uns selbstverständlichen sozialen Rechten wie z. B. das Verbot von Kinderarbeit oder das Recht auf Gewerkschaftsbildung.
Wir brauchen eine Änderung der herkömmlichen imperialen Außenpolitik in eine Art »Weltinnenpolitik«. Daher müssen innenpolitische Instrumente wie der soziale Ausgleich, die für uns auf nationaler Ebene selbstverständlich geworden sind, auch auf internationaler Ebene eingerichtet werden. Es ist noch ein weiter Weg dorthin, den wir aus meiner Sicht nur schaffen, wenn die Industrienationen vorangehen. Wir – die reichen Länder, und Österreich ist in Europa mittlerweile das viertreichste Land – müssen hier unsere Hausaufgaben erledigen. Österreich ist da leider bis jetzt kein Vorbild: Wir erfüllen nicht nur unser 0,7%-Versprechen nicht, sondern wir erfüllen auch unsere im Rahmen des Kyoto-Vertrags eingegangenen CO_2-Reduktionsverpflichtungen bei Weitem nicht. Wir liegen derzeit so weit von unserer Verpflichtung entfernt, dass wir entweder den gesamten Verkehr oder die gesamte Industrie lahmlegen müssten, um die versprochenen minus dreizehn Prozent zu erreichen.
Dass es auch anders geht, zeigen z. B. skandinavische Länder auf dem Gebiet der Entwicklungszusammenarbeit, in-

dem sie schon seit Jahren mehr als 0,7% ihres BNE für die Entwicklungszusammenarbeit leisten, oder auf dem Gebiet des Klimaschutzes, wo Dänemark eine CO_2-Steuer eingeführt hat, oder Deutschland, das durch sein Energie-Einspeisgesetz einen regelrechten Ökostrom-Boom ausgelöst hat. Wir in Österreich neigen zum faulen Kompromiss – wir tun nicht nichts, aber auch nicht genug –, bilden uns aber gerne ein, die Besten zu sein. Geraten wir unter Kritik, lautet unser Standardargument: »Wir würden ja gerne, aber leider lassen es die Rahmenbedingungen nicht zu …«

Woran das liegt? Nun, es fehlt uns an Entschlusskraft. Wir lassen uns gerne treiben und opfern unsere Ideen und Ideale lieber am Altar des »Mainstreams«. Und in der Politik steht zu sehr der Wille nach Macht statt der Wille zur Lösung im Sinne des Allgemeinwohls im Vordergrund. Die Parteizentralen und ihre Spindoktoren schielen ständig auf die Stimmung der Wähler, statt selbst bei den Wählern für eine nachhaltige und zukunftsfähige Politik Stimmung zu machen. Was andersherum betrachtet aber auch bedeutet, dass es an jedem Einzelnen von uns liegt, unsere »Wurschtigkeit« zu überwinden und den notwendigen öffentlichen Druck zu entwickeln, um entsprechende Veränderungen in unserer Gesellschaft zu erreichen. Wo bleibt der Wahlkampf, den jene Partei gewinnt, die sich für eine Weltinnenpolitik einsetzt oder für eine ökologische Evolution, die auch unserer Nachwelt eine nachhaltige Zukunft sichert? Wo bleibt der Schrei des Volkes nach Gerechtigkeit?

Oder ist es doch so wie mit dem freien Willen? Wir würden ja eigentlich wollen, aber leider geht es nicht! Ich denke: Es liegt an uns, wer der Herr im Hause ist, wer das Zepter übernimmt, wem wir die Macht geben – den egoistischen, kleinkarierten Interessen in uns oder dem Teil in uns, der Größeres im Auge hat. Allen Ausreden und Widerständen zum Trotz.

Martin Seel

ARCHITEKTUR, LANDSCHAFT, KLIMA – WIE MACHBAR IST DIE WELT?

Nach der bekannten, auf den Biologen Jakob von Uexküll zurückgehenden Unterscheidung lebt der Mensch nicht allein in einer Umwelt, sondern in einer Welt – einer historischen Welt, von der er weit über die raumzeitliche Gegenwart hinaus wissen, deren Kenntnis er von Generation zu Generation tradieren, deren Zustand er weit über die unmittelbare Gegenwart hinaus gestalten und die er unter den Bedingungen der modernen Wissenschaft, Technik, Ökonomie und Politik in ihrer Lebensqualität im globalen Maßstab verbessern, verschlechtern oder zerstören kann. Die Wirklichkeit dieser Welt öffnet sich als ein Spielraum von Möglichkeiten – solchen, die erinnert und vergessen, erwartet und befürchtet, berechnet und beherrscht, beachtet und missachtet, eingeräumt und verstellt, geschont und geschützt, vergeudet und verschwendet werden können. Die stets mit Unkenntnis verquickte Kenntnis dieser Möglichkeiten verleiht den Menschen Macht – eine Macht der Interpretation, Manipulation und Transformation von Lebensverhältnissen; eine Macht von Einzelnen über sich selbst und andere; eine Macht von Kollektiven, Organisationen und Staaten nach innen und außen; eine Macht, die für einige oder alle zur Erhaltung gedeihlicher Lebensbedingungen gebraucht oder aber mit dem Nebeneffekt oder Ziel ihrer Einschränkung missbraucht werden kann.

Dieses komplexe Weltverhältnis der Menschen hat Konsequenzen für das, was ihnen als Umwelt ihres Daseins begegnet. Es ist nicht eine dieser Umwelten, in der sie leben, es sind viele. Sie sind ihrer Lebenspraxis nicht einfach vorgegeben. Sie verändern sich nicht allein aus kontingenten Ursachen, sondern häufig – und mit der Steigerung der technischen Möglichkeiten zunehmend – unter ihrem Einfluss. Viele der historischen Umwelten heutiger Kulturen und Gesellschaften sind vom Menschen entweder erzeugt oder erheblich umgestaltet worden. Damit aber stellt sich in vielen Bereichen immer wieder die Frage, wie weit diese Gestaltung gehen kann – und wie weit sie gehen darf. Ich möchte diese Frage an drei Arten von Umwelt verdeutlichen, die sich dem menschlichen Machen teils verdanken, teils entziehen – und teilweise darum eine gesteigerte Gestaltung verlangen, *weil* sie sich ihm in wesentlicher Hinsicht entziehen. Ich werfe einen ersten Blick auf die Umwelt, die durch Architektur geschaffen wird; einen zweiten auf die von Landschaften, die nicht selten von Architektur mitgestaltet werden; und schließlich einen dritten auf jene Dimension der Umwelt, die alle anderen überformt: das Klima.

1. Architektur

Die Architektur im weitesten Sinn des Worts gehört zu den ältesten Kulturtechniken des Menschen. Sie stellt eine aktive Gestaltung und Auslegung des jeweiligen Lebensraums und der jeweiligen Lebensform dar. Die grundlegende Operation der Architektur liegt in einem Verfahren der Raum*teilung* und Raum*gliederung*. Dabei werden Differenzen von *innen* und *außen* etabliert, die vielfach wiederholt, variiert, gespiegelt und durchbrochen werden können. Mit jedem Gebäude entsteht ein *Raum von Räumen*, die auf unterschiedliche Weise voneinander getrennt und füreinander offen sind. Gebäude, gleich welcher Art, sind nicht nur Abgrenzungen eines inneren Raums von einem äußeren und somit nicht allein eine Umgrenzung eines inneren Areals, sie leisten eine Vervielfältigung ihres Raums. Das Ensemble von Räumen, das so entsteht, bildet zugleich einen *Raum für Räume*, indem es Übergänge und Durchgänge, Brüstungen und Schwellen, Aussichten und Hereinsichten hervorbringt, durch die die von ihr entworfenen Orte *miteinander* korrespondieren. Sie korrespondieren nicht allein nach innen, sondern ebenso sehr nach außen – mit Bauten und Bäumen, mit Licht und Himmel, mit Ruhe und Lärm, kurz: mit allem, wofür sich das Gebäude als erfahrbare *Umgebung* seines Orts öffnet. Darin zeigt sich schließlich, dass jedes Bauwerk einen *Raum in Räumen* entstehen lässt; es stellt seinen pluralen Raum in einen größeren Raum, der ebenfalls ein Erzeugnis vielfältiger Kräfte ist: Es ist ein geografischer, kultureller, historischer und alltäglicher Ort, an dem das einzelne Gebäude seine Wirksamkeit entfaltet. Diese Räume aber, in denen ein Bauwerk steht, verbinden sich letztlich wieder zu *einem* Raum: zu dem Raum einer *Landschaft*, der es seit seiner Entstehung angehört und der es mit seiner Entstehung einen eigenen Akzent verleiht.

Bauen ist daher immer auch Landschaftsveränderung oder genauer: Veränderung einer sich ändernden Landschaft. In diesem prozessualen Sinn des Bauens liegt zugleich sein politischer Sinn, wie er insbesondere bei öffentlichen Bauten offenkundig wird. Es stellt Korrespondenzen zu historischen Formationen von Landschaft *her* und es stellt diese Korrespondenzen in den Choreografien seiner Anordnung *dar*. Schließlich sind gerade öffentliche Bauten solche, die nicht allein von vielen genutzt und gesehen werden, sondern zugleich eine weithin spürbare Inszenierung der Funktionen sind, die einem Gebäude an seinem historisch gewachsenen Ort zukommen. Von solchen Gebäuden dürfen wir erwarten, den Raum nicht allein *ihrer*, sondern *einer* Gegenwart zur Erscheinung zu bringen. Bedeutende Bauwerke und Baustile haben dies seit jeher geleistet. Nicht nur *verändern* sie die Situation und Landschaft ihrer Umgebung, sie *dramatisieren* den Schauplatz ihrer Errichtung und sind damit – jedenfalls in den gelungenen Fällen – eine dauernde *Belebung* des durch sie geschaffenen Orts.

Die »Gegenwart«, die von bedeutenden Bauten her- und herausgestellt wird, ist freilich nicht einfach eine Anwesenheit raumzeitlich vorhandener Objekte. Der hier einschlägige Begriff von Gegenwart ist vielmehr der eines Zustands, in dem uns die Dinge der Welt und des Lebens auf verschiedene Weise etwas *angehen*. Sie ist geprägt von einer Koexistenz vielfach realisierter und unrealisierter, bekannter und unbekannter Möglichkeiten des Verstehens und Handelns, des Wahrnehmens und Bestimmens. Gegenwart in diesem Sinn ist ein offener – und darin unübersehbarer, unfasslicher und unbeherrschbarer – Horizont der spürenden, handelnden und erkennenden *Begegnung* mit Vorhandenem. Diese Begegnung ist als solche weder ästhetisch noch ästhetisch inszeniert. Ästhetische Inszenierungen vielmehr erzeugen eine Gegenwart, die als solche *auffällig* wird. Sie machen Gegenwart *bemerkbar*.

In einer Operation dieser Art liegt eine wesentliche Aufgabe der Architektur: eine Innenwelt und Umwelt des Lebens zu schaffen, die dieses nicht beengt, sondern bereichert. Im Guten wie im Schlechten erzeugt sie eine spürbare Veränderung des gelebten und des öffentlichen Raums; im Guten aber lässt sie die Räumlichkeit dieses Raums überdies in einem Spiel von Material und Konstruktion, Bewegung und Verfestigung *erscheinen*. Ihre Bauten stellen einen Raum von Räumen her, der den größeren Raum der sie umgebenden Landschaft zugleich verdichtet und weitet. Stets schreiben sie damit die Geschichte dieser Landschaft fort. Diese ist ihrerseits ein Prozess wechselnder Konstellationen realisierter und unrealisierter Möglichkeiten, man denke nur – im Bezirk einer Stadt – an Wege des Verkehrs, Arten des Wohnens, Formen der Produktion oder Stile der Repräsentation. Diese Konstellationen zu verändern, wie es das Bauen unvermeidlicherweise tut, bedeutet daher stets, (bis dahin) Unwirkliches wirklich und (bis dahin) Wirkliches unwirklich werden zu lassen. Von der Architektur als einer *Kunst* allerdings dürfen wir an diesem Punkt ein klein wenig mehr erwarten: dass sie nämlich bis dahin *Unmögliches möglich* und bis dahin *Mögliches unmöglich* macht. Sie bewirkt dann eine Transformation, eine Neuerfindung des Raums, in dessen Koordinaten sie mit ihren Installationen eingreift. Sie bewirkt dann eine Öffnung und Erweiterung – eine Neudimensionierung – der (sei es städtischen, sei es ländlichen) Landschaft, deren Teil ihre Bauten sind. Sie bringt dann im Erscheinen ihrer Gebäude das Erscheinen eines neuartigen *Verständnisses* baulicher Funktionen und kultureller Situationen hervor. Sie hat dann das Ziel erfüllt, für *ihre* Zeit wie für *spätere* Zeiten Bezüge einer andauernden Gegenwart öffentlich hervortreten zu lassen.

2. Landschaft

Gebäude sind Artefakte: ein machbarer Teil der Welt, der besser oder schlechter eingerichtet werden kann, mit oder ohne Rücksicht auf Nutzer, Bewohner und Anwohner. Anders steht es um die Landschaften, deren Teil Gebäude immer auch sind. So artifiziell sie auch her- und zugerichtet sein mögen – sie sind nicht zu machen. Ihr positiver oder negativer Eindruck, ihre stimulierende oder lähmende Wirkung überschreitet alle Möglichkeiten der menschlichen Organisation.

Der Raum einer Landschaft ist wie fast jeder Raum zusammen mit einer Mannigfaltigkeit von Gegenständen *in* diesem Raum gegeben. Für die Erfahrung eines Raums als Landschaft ist jedoch nicht das phänomenale Gegenüber einzelner oder mehrerer Gegenstände zentral, sondern vielmehr die Erfahrung, *mitten unter* diesen Gegenständen zu sein: in ihrer Nähe und Ferne, in ihrer beengenden oder befreienden, beredten oder stummen Gegenwärtigkeit. Wer sich dermaßen »mitten unter« einer Fülle von Erscheinungen befindet, für den gibt es *keine Mitte*, von der aus sich eine feste Ordnung dieser Erscheinungen ausmachen ließe. Der landschaftliche Raum *umgibt* die Wahrnehmenden, er *überformt* ihren Standort. Auch sind diese keineswegs bloße Betrachter, die auf einen distanzierenden Über- oder Rundblick aus sind (einer verbreiteten Form von Landschaftsblindheit), sondern leibliche Subjekte, die sich als empfängliche und verletzliche Wesen inmitten eines räumlichen Geschehens erfahren.

Landschaften sind also durchaus nichts Statisches. Sie sind es zum einen nicht, weil sich der Betrachter in ihnen bewegen kann, wodurch sich die Perspektiven und Ansichten jederzeit ändern. Sie sind es aber zum andern nicht, weil *in* ihnen immer Bewegung ist: mindestens des Lichts, meist auch der Luft und der Pflanzen, der Tiere und Menschen sowie der von diesen betriebenen Geräte. Dies ist keineswegs nur ein visuelles, sondern ebenso ein akustisches und olfaktorisches Geschehen, das einer synästhetischen Wahrnehmung zugänglich wird. Die Wahrnehmung von Landschaft ist nicht allein die Erfahrung des Daseins und Sichveränderns vieler Dinge im Raum, sie ist Erfahrung eines *geschehenden Raums*: die Erfahrung, wie es ist, unter und inmitten eines vielgestaltigen prozessualen Erscheinens räumlicher Gestalten zu sein.

Dieses Geschehen kann sich nur in einem größeren Raum entfalten. Ihre Wirklichkeit beginnt da, wo ein Raum in dem

Sinn *aus seiner Dimension* tritt, dass seine Abmessungen von denen, die sich in ihm befinden, nicht erfasst werden können. Die Grenzen eines Zimmers kann man überblicken und man kann an sie stoßen. Der Raum einer Landschaft hingegen hat weder Rand noch Grenze, er endet an einem Horizont: dort, wo die Konturen, Formen und Abgrenzungen diffus werden, oder dort, wo es – wie im Fall einer verwinkelten Stadt – spürbar weitergeht, ohne dass diese Weiterungen vom eigenen Standpunkt aus erfasst werden könnten. Landschaften sind somit Räume, die – von der Warte derer, die diesen Raum als Landschaft wahrnehmen – weder überschaut noch durchmessen werden können. Von einem kleineren Stadtpark etwa unterscheidet sich die Park*landschaft* dadurch, dass man durch sie nicht jederzeit hindurchsehen kann, dass man sich in ihr »verlieren«, dem Geschehen eines unabgegrenzten Orts überlassen kann. »Unüberschaubar« im hier relevanten Sinn des Worts ist aber auch die Landschaft einer Wüste, in der sich nichts den Blicken entgegenstellt. Denn wer inmitten einer Wüste steht, findet sich von allen Seiten von einer Weite umgeben, die er im Sehen und Hören nicht ermessen, nicht einordnen, in keine Übersicht zusammenfassen kann.

Gerade mal kein Dach über dem Kopf zu haben, genügt jedenfalls nicht. Der zum Himmel offene Hinterhof macht alleine keine Landschaft. Erst mit *vertikaler und horizontaler Unabgeschlossenheit* tut sich der Raum einer Landschaft auf. Diese Unabgeschlossenheit ist immer Offenheit *für ein Subjekt,* das sich auf bestimmte Weise zum Raum seiner Umgebung verhält. Es ist der ganze Sinn eines wahrnehmenden Sicheinlassens auf Landschaften, dass wir in ihnen *nach draußen* gelangen: in ein zugleich reales und metaphorisches Draußen. Real ist dieses Draußen, weil wir die eigenen vier Wände, überhaupt die überschaubaren räumlichen Koordinaten, verlassen. Wir treten ins Freie. Dies ist jedoch nur eine notwendige und alleine nicht hinreichende Bedingung der Erfahrung von Landschaft. Denn der größere, nach hinten und oben unabgeschlossene Raum ist, wie beschrieben, lediglich ein *potenzieller* Ort der Erfahrung ästhetischer Landschaft. Zur *aktuellen* Landschaftserfahrung kommt es, wenn wir in jenem realen Draußen zugleich in ein *metaphorisches Draußen* gelangen: wenn wir die Bindung an die pragmatischen Orientierungen lockern, die unser normales Verhalten im Raum bestimmen; wenn wir uns nicht länger mit festgelegten Zielen in diesem Raum bewegen, sondern uns freihalten für die irreguläre Gegenwart des größeren Raums selbst. Wie immer wir solche Gegenwarten durch Formen des Bauens, der Landschaftsgestaltung und -erhaltung in Stadt und Natur *möglich* zu machen versuchen – der Prozess ihrer Präsenz übersteigt alles Machen.

3. Klima

Wir haben uns einigen Normen der begrenzten Machbarkeit menschlicher Umwelten bisher vorwiegend von einer ästhetischen Seite genähert. Auf den ersten Blick könnte auch das Klima als ein prominenter ästhetischer Faktor unserer Lebensumgebung erscheinen. Jedoch wäre dies eine Täuschung. Denn so sehr klimatische Faktoren für das ästhetische *Erscheinen* zumal von Landschaften verantwortlich sind, es selbst ist kein ästhetischer Gegenstand. Das Klima auf dem Globus ist eine Naturbedingung unseres Lebens, die nur in einem äußerst heiklen Sinn »gemacht« werden kann (und gemacht wird) – in dem ihrer zugelassenen oder verhinderten *Zerstörung*.

Angesichts der Zukunft der nicht-menschlichen wie der menschlichen Natur ist es geboten, an ein paar nüchterne Fakten zu erinnern. Die nüchternste und härteste Tatsache besteht darin, dass »die Natur« nicht zerstört werden kann. Der Mensch ist nicht der Mittelpunkt, die Krone oder der Garant der Natur. Er mag sie hegen oder ausbeuten, in Regie zu nehmen vermag er sie nicht. Hätten die Menschen ihre Lebensbedingungen vollends zerstört, was übrig bliebe, wäre – Natur. Diese gewinnt jeden Wettlauf mit ihr. Zweitens ist zu beachten, dass Veränderungen »der Natur« zu ihrer Natur gehören. Die Entwicklungen der industriellen Kultur verändern diese Veränderungen, beschleunigen diese oder geben ihnen eine andere Richtung, aber bleiben ihrer Dynamik unterlegen. Wir sind ein Faktor in der Geschichte der Natur; ihre Geschichte schreiben wir selbst dort nicht, wo wir uns daranmachen, unser genetisches Programm zu modifizieren. Das dritte Faktum besteht in der Erkenntnis, dass unter heutigen Bedingungen lokale Effekte vielfach eine globale Wirkung zeitigen. Die weltweit steigenden Emissionen, das Abschmelzen der Polkappen, die Überschwemmung von Küsten, die Vergeudung von Wasser, die Verschmutzung der Meere, das Abholzen und Verkümmern der Wälder, die Erosion der Böden, all das summiert sich zu einer Landschaftsveränderung, die kein Staat für sich selbst bremsen geschweige denn kurieren kann. Soziale, politische und militärische Kämpfe um die Verteilung von Land, Luft und Ressourcen sind die absehbare Folge. Naturpolitik ist Weltinnenpolitik geworden.

Ein vierter, im Licht der vorangegangenen Beispiele bedeutsamer Umstand besteht darin, dass die Erscheinungen der Natur ihre ästhetische Faszination oft auch dann und dort behalten, wo ihre Wirkungen bedrohlich oder verheerend sind. Unser sinnliches Gespür vermag die Qualität der äußeren Natur nicht zureichend zu ermessen. Es könnte sein, dass wir in einem Schauspiel grausamer Schönheit untergehen. Dies erinnert an das fünfte, in praktischer Hinsicht entscheidende Faktum, dass es im Umgang mit der Natur den einen, objektiven, allein ausschlaggebenden Gradmesser nicht gibt. Unser Verhältnis zur äußeren und inneren Natur hängt von einer komplexen Steuerung dessen ab, was wir mit unserem Wissen über den Zustand der Erde anfangen *wollen* – wie die weitere Gestaltung der menschlichen Lebensform aussehen soll.

Um welche Natur müssen wir uns dabei sorgen? Weniger um die *physikalische* Natur, so wichtig die Forschungen auch sind, die uns Erkenntnis über die Ökologie des Planeten liefern. Sondern vor allem um eine *physiologische* Natur, die unserem leiblichen Organismus ebenso bekömmlich ist wie demjenigen der tierischen und pflanzlichen Lebensformen, mit denen in Symbiose und Synergie zu leben wir auf Gedeih und Verderb angewiesen sind. Das weltweite Klima, um das es dabei geht, ist die *Sphäre*, in der Kulturen und Gesellschaften entwicklungsfähig bleiben oder in Agonie erstarren werden. Für diese hat die Menschheit, vertreten vor allem durch die reichen Industrienationen, eine Verantwortung, vor der sie gegenwärtig versagt, weil sie ohne Rücksicht auf Verluste wirtschaftet. Schutz dieser Natur ist Schutz vor uns selbst, um unserer selbst willen: vor der Verwahrlosung und Verschwendung, mit der wir unsere eigene Lebenssphäre missachten.

Dieser Schutz kann mit einiger Aussicht auf Erfolg nur organisiert werden, wenn es gelingt, sich auf minimale Standards zu verständigen, nach denen eine weltweite Umgestaltung der menschlichen Ökonomie erfolgen kann. Minimal müssen diese Standards sein, damit sie über kulturelle und politische Sphären hinweg Anerkennung finden können. Der wichtigste dieser Grundsätze lautet – Gerechtigkeit. Ihr einfachster Leitsatz schreibt vor, allen Menschen Bedingungen eines für sie materiell und sozial gedeihlichen, in Achtung und Selbstachtung vollzogenen Lebens zu schaffen. Die vorhandenen Güter sind so zu verteilen, dass dieser Zustand, wenn nicht erreicht, so doch immer besser erreicht werden kann. Heute wie gestern bleibt dies eine Utopie; aber es ist eine der wenigen Utopien, deren annähernde Realisierung konsistent sowohl denkbar wie wünschbar ist. In vielen gegenwärtigen Gesellschaften und erst recht im Weltmaßstab wird der Grundsatz der politischen Gerechtigkeit bekanntlich grob und grausam verletzt. Zu diesen Verletzungen einer gerechten Einrichtung der menschlichen Welt gehört die Verrottung und Vergiftung einer den Menschen – und, wie gesagt, nicht allein ihnen – bekömmlichen Biosphäre. Nicht der Natur wird durch den achtlosen Umgang mit den physiologischen Bedingungen des Lebens Gewalt angetan, sondern einer sozialen Ordnung, in der Frieden und Freiheit möglich wären. Für diese geht es um die Sicherung und Wiedergewinnung der Luft zum Atmen in einer erneut ebenso buchstäblichen wie metaphorischen Bedeutung. Diese beiden Bedeutungen gehören zusammen: Nur Gesellschaften, die sich im Inneren und nach außen um den Erhalt eines Lebens in Freiheit bemühen, werden die Kraft für den Erhalt ihrer natürlichen Lebensgrundlagen finden. Nur Gesellschaften, die sich daranmachen, die Zerstörung des Nicht-Gemachten zu verhindern, werden der menschlichen Welt Umwelten sichern können, die weiterhin zum Vorteil ihrer Bewohner verändert werden können.

Kurt Kotrschal

GEISTIGE UMWELTVERSCHMUTZUNG

Aus heutiger Sicht erscheint Konrad Lorenz' berühmtes Essay »Die acht Todsünden der zivilisierten Menschheit« (1973) fragwürdig, vor allem wegen der vor Moralinsäure triefenden Darstellung und seiner heute nicht mehr haltbaren Sichtweise der biologischen Natur des Menschen. Keineswegs etwa sind uns durch »Selbstdomestikation« (also durch »genetischen Verfall«) die »sozialen Instinkte« abhanden gekommen. Dennoch scheint, von wenigen Ausnahmen abgesehen, Lorenz' Themenwahl auch heute noch stimmig zu sein. Für bedrohlich hielt Konrad Lorenz die Überbevölkerung, die Verwüstung des Lebensraumes, den Wettlauf des Menschen mit sich selbst, den genetischen Verfall, das Abreißen der Tradition, die Indoktrinierbarkeit der Menschen und die Kernwaffen. Wobei den zu Optimismus verpflichteten Anhängern religiöser Ideologien zuzustimmen ist: Die Zahl der Menschen alleine wäre nicht das Problem, würden diese sich rational und auf das Gesamtwohl bedacht verhalten. Es dominieren aber Eigennutz, Kurzzeitvorteil und Zynismus, besonders wenn es um Geld und Macht geht. Und das, weil neben dem Nett-zueinander-Sein auch ein profunder Egoismus in der evolutionär begründeten Natur des Menschen liegt.

Von einem Biologen erwartet man im gesteckten Rahmen »Macht Um Welt« wohl, sich um die einschlägigen ökologischen Probleme der Welt zu kümmern, wie Vernichtung der natürlichen Umwelt, Umweltverschmutzung und Treibhausgase, vielleicht auch um die Gentechnik. Zahlreiche Experten tun dies unter erheblicher medialer Aufmerksamkeit. Allerdings sind diese offensichtlichen Problembereiche indirekt Folgen anderer, weniger thematisierter Eigenheiten menschlichen Verhaltens und der wirtschaftlich-politischen Vernetzung der modernen Welt. Anneliese Rohrer widmete ihren Beitrag in der letzten Ausgabe dieser Schriftenreihe (2006) den Fundamentalisten. Tatsächlich scheinen Konservativismus und einfach gestrickte religiöse Ideologien weltweit auf dem Vormarsch zu sein. Gerade zu einer Zeit, da rationales und nachhaltiges Handeln immer überlebenswichtiger wird. Als bedrohlichstes Kernproblem der Welt erscheint mir daher die »geistige Umweltverschmutzung«. Aufgeklärtes Denken verliert rasant an Boden. So werden grundlegende Erkenntnisse zum biologischen Wesen des Menschen ignoriert, bedrohlich schwappt die Flut der Beliebigkeit zwischen Wissenschaftsgläubigkeit und Wissenschaftsskepsis, und weltweit degeneriert Staatlichkeit im Zeitalter von Neoliberalismus und Globalisierung, um nur einige einschlägige Themen zu nennen.

Der evolutionäre Rahmen des Menschen

Weltweit leben Menschen monogam bis polygyn, sie investieren am liebsten in die eigenen Kinder, wenn auch nicht in alle gleich. Geschlechterrollen entwickeln sich auf klaren biologischen Grundlagen. Ja, selbst Kindesmord und soziosexuelle Gewalt können evolutionär begründet sein. Natürlich leiten sich aus solchen Erkenntnissen keinerlei Rechtfertigungen oder gar Handlungsanleitungen ab. Schon alleine deshalb nicht, weil durch den evolutionären Prozess zwar funktionierende Systeme im Sinne der Optimierung des individuellen Fortpflanzungserfolges entstanden, was aber nicht gleichbedeutend ist mit »moralisch gut«. Verhalten muss nicht unbedingt dem »Überleben der Art« dienen, wie Konrad Lorenz noch annahm. Irrig ist auch die Ansicht der altvorderen Verhaltensforscher, dass das Töten von Artgenossen bei Tieren kaum vorkäme, sondern eine zivilisationsbedingte »Pathologie« des Menschen darstelle.

Seit Charles Darwin geriet die Kunde vom evolutionären Kontinuum zwischen Tieren und Menschen zum Allgemeingut. Noch nicht herumgesprochen haben sich aber neuere Erkenntnisse, die zeigen, wie konkret dieses Kontinuum ist. So unglaublich es klingen mag – jene Gebiete des Zwischenhirns, die das sozio-sexuelle Verhalten der Fische steuern, ziehen beim Menschen immer noch die Fäden. Auch die grundlegenden Systeme für soziale Bindung und Emotionen blieben uns offenbar über mehr als 400 Millionen Jahre erhalten. Die Wurzeln des menschlichen Gehirns und damit unsere Psyche in der Evolution erklären, warum Menschen offenbar nicht immer rational handeln, warum immer wieder längst überwunden geglaubte »Barbarei« ausbricht und warum Menschen Identität und Gruppenzugehörigkeit brauchen, symbolisiert durch Codes, Sitten, Riten, Gesänge und Meinungen.

Gruppen definieren ihre Zusammengehörigkeit immer auch durch Ausschluss. So lautet die Selbstbezeichnung mancher Ethnien schlicht »Mensch« (Rom, Inuit etc.); spezifische Bezeichnungen für jene, die nicht dazugehören (Gadje, Goj, Ungläubiger, »Piefke« etc.), signalisieren Ab- und Ausgrenzung. Starke Gruppenidentitäten mögen für den paläolithischen *Homo sapiens* in seiner Ausbreitung über den Globus nützlich gewesen sein. Heute entwickelt sich vor diesem Hintergrund und in Bildungsferne Skepsis gegenüber Fremden quasi von selbst. Dringend benötigte Toleranz und Weltoffenheit bedürfen dagegen eines erheblichen Bildungsaufwands. Das Gegenteil davon geschieht. Die fundamentalistischen Bürgermeister der globalen Dörfer, wie etwa USA oder Iran, betreiben Abgrenzung auf höchster Ebene. Und den Israelis und Palästinensern dieser Welt fällt es offenbar unendlich viel leichter, ihre Konflikte zu eskalieren, als diesen Teufelskreis zu durchbrechen.

Evolution stiftet keinesfalls nur das »Recht des Stärkeren«, den Kampf mit »Zähnen und Klauen«. Über die Evolution kamen auch Gehirne in die Welt, denen sehr viel daran liegt, zwischen »Gut und Böse« zu unterscheiden. Menschen sind als soziale Wesen definiert, sie brauchen ihre Gruppen, weswegen im Umgang miteinander die freundlichen Interaktionen dominieren, nach weltweit ziemlich einheitlichen Schemata. Menschen sind gerne großzügig, besonders wenn sie von anderen ebenfalls Großzügigkeit erfahren haben. Sie erwarten einen gewissen Grad an Solidarität von anderen, stimmen lieber zu, als zu widersprechen, und empfinden Ungleichbehandlung stark negativ. Nichtgruppenkonformes Verhalten wird gerne sanktioniert, sogar dann, wenn dies für den Bestrafenden mit erheblichem Aufwand verbunden ist. Den Verwandten, Freunden, Verbündeten steht man in Auseinandersetzungen bei und tröstet sie nach Niederlagen, man unterstützt und wird unterstützt. Wir wissen heute, dass Moral und sozial verantwortliches Handeln über ihren eigenen Hirnteil verfügen, den »präfrontalen Kortex«. Diese Kommandozentrale packt die Welt in überschaubare Konzepte, kontrolliert (mit wechselndem Erfolg) soziale Triebe und Emotionen und ist für sozial verantwortliches Handeln zuständig. Um Menschlichkeit zu erklären, braucht es daher nicht notwendigerweise einen Rekurs auf die Metaphysik, sie kommt aus der Evolution und ist als Set sozialer Anpassungen zu verstehen. Bedenklich, dass man immer noch auf dieses Wissen um die evolutionären Grundstrukturen der Psyche verzichtet. Nicht nur Humanethologen und experimentelle Wirtschaftswissenschaftler fanden eine ganze Menge solcher »menschlicher Universalien«. Letztlich beruhen auch das Küng'sche »Weltethos« sowie die Idee von weltweit gültigen

Menschenrechten auf der mehr oder weniger expliziten Einsicht in diese Gemeinsamkeit.
Als Nebenprodukt der Entwicklung zum Monotheismus und der abendländischen Philosophie vertiefte sich der in den Jäger-und-Sammler-Gesellschaften, also über die längste Zeit der menschlichen Geschichte, kaum vorhandene Graben zwischen Mensch und »dem Tier«. Vonseiten der Geistes- und Sozialwissenschaften werden solche Einsichten der vergleichenden Biologie in die evolutionäre Grundkonstitution des Menschen immer noch gerne belächelt oder entrüstet zurückgewiesen – obwohl ihren Proponenten durchwegs das nötige Faktenwissen fehlt. Dennoch – oder gerade deswegen – werden die letzten Bastionen menschlicher Einzigartigkeit hartnäckig verteidigt, nicht zuletzt von einer Amtskirche, deren Denken offenbar noch nicht über Thomas von Aquin hinausgekommen ist.
Seit Johannes Paul II. akzeptiert die Kirche Evolution zumindest als Erklärung für die Physis des Menschen, nicht aber für den »Geist«. Zäh wird die alte Körper-Geist-Trennung verteidigt. Ohne jegliche Notwendigkeit, denn alle geistigen Leistungen, das Erleben, selbst tiefste Empfindungen sind tatsächlich hinreichend aus den Vorgängen im Nervensystem zu erklären. Die einzelne Synapse, das Quant Neurotransmitter erklären freilich wenig. Erst das Zusammenwirken der Milliarden von Zellen in unserem Gehirn bringt die geistigen Leitungen hervor. Es wird die Angst vorgeschoben, ein evolutionäres Menschenbild münde in eine Welt des rücksichtslosen Materialismus. Das Gegenteil trifft zu: Ein nachhaltiger Humanismus kann nur der Natur des Menschen selbst entspringen.
Das aufgeklärte Denken wird vor allem von den religiösen Ideologen und vom Flächenbrand der Bildungsferne herausgefordert. Mehr noch, es wird aktiv vernebelt. So lautete 2005 eine Schlagzeile in der Weihnachtsbeilage einer österreichischen Tageszeitung: »Gott oder Darwin?« Denn

der Herr Kardinal Schönborn brach in trauter Eintracht mit seinem Chef in Rom einen Konflikt mit den Naturwissenschaften vom Zaun. In einem Kommentar in der *New York Times* war sein Grundtenor: Ein bisserl Kreationismus (»Intelligent Design«) wird wohl erlaubt sein. Der Papst legte im September 2006 in Regensburg noch ein Schäuferl nach: Der »vernünftige Mensch« müsse in der uns umgebenden Schöpfung einen Beweis für das Wirken Gottes sehen. Gerade aber der Vernunftbegriff hat in der Aufklärung seine Unschuld verloren. Denn wissenschaftlich bedeutet er die Verpflichtung zur Kohärenz mit den mittels strenger Methodik erarbeiteten Grundthesen. So hält jeder redliche Wissenschaftler die Ebenen der Physik und der Metaphysik sauber getrennt. Dass übrigens ausgerechnet Richard Dawkins die Existenz Gottes naturwissenschaftlich falsifizieren will, lässt ihn denselben Methodenfehler begehen wie seine klerikale Gegenseite. Nur die materielle Welt ist empirisch fassbar. Gott dagegen bleibt eine Sache des Glaubens, dem Zugriff der Naturwissenschaften entzogen.

Einem klugen Kardinal und einem weisen Papst »passiert« so etwas nicht einfach. Geht es um Seelenfang in einer zunehmend simplistischen Welt, um den Platz in den Köpfen und Herzen der Menschen? »Der Glaube ist einfach«, sagte der Papst. Stimmt, auf Glauben beruhende Weltanschauung benötigt wenig Bildungsaufwand, vermittelt Geborgenheit, ganz im Gegensatz zum aufgeklärten Weltbild. Eine tragische Entwicklung, denn das europäische Christentum war Ursprung und Salz der Aufklärung. Ein Minimalkonsens zwischen Wissenschaft und Glauben könnte immerhin in der Gewissheit liegen, dass jenseits der geistigen und menschlichen Redlichkeit Populismus und Beliebigkeit lauern.

In Österreich gilt das Konkordat. Diese Verquickung des Staates mit dem Katholizismus beschert uns nun einen peinlichen Argumentationsnotstand. Denn warum sollte etwa der weltliche Machtanspruch des Islams böse, der christliche dagegen gut sein? Nur weil Letzterer der lokalen Kulturtradition entspringt? Jener Integrationsbedarf, der so oft für die muslimische Seite festgestellt wird, besteht offenbar auch für die Anwälte des Einflusses christlicher Grundsätze in der heimischen Politik. Die geforderte »Re-Theologisierung« der Politik führt in einen permanenten Kampf der Kulturen. Nur eine strikte Trennung von Religion und Staat kann ein friedliches Miteinander gewährleisten. Angesichts der multikulturellen Realität schränkt der Geist der Aufklärung die individuelle Selbstbestimmung der Menschen am wenigsten ein und steht so im Einklang mit seiner evolutionären Grundkonstitution.

Wissenschaftsgläubigkeit und Wissenschaftsskepsis

Im Zeitalter der Beliebigkeit entstanden seltsam gegensätzliche Lager: Wissenschafts- und Technikgläubigkeit einerseits und wunderliche Wissenschaftsskepsis andererseits. Erstere wurde zur Ersatzideologie, die letztlich das menschliche Leben selbst zum Bestandteil der mechanisierten und bürokratisierten Welt des Konsums machte. Die zentrale Rechtfertigung der Technologie- und Informationsrevolution, die individuelle Selbstbestimmtheit zu erhöhen, erwies sich als Chimäre. In dieser komplexen Welt entwickelte sich eine beinahe atemberaubende Beliebigkeit der Ansichten, der Lebensführung und der Beziehungsgestaltung.

Von Selbstkritik weitgehend unbeleckt, gefällt sich die Priesterkaste der Wissenschaftler als Verkünder der modernen »Wahrheiten«. Sie sind die Geschichtenerzähler der Neuzeit, machen staunen, liefern Stoff zum Fürchten, Wohlfühlen und für Small Talk, klären auf oder lassen dumm sterben, hobeln die Welt nach ihren Vorstellungen zurecht. Zunehmend geht es um die Gurus selber. Denn nicht nur die Politik ist heutzutage bis zum Erbrechen personalisiert. Jedes Erbsenzählen wird euphemistisch zur »Wissenschaft« erhoben. Seit Aristoteles & Co. wird Wissenschaft missverstanden, missbraucht. Derart flächendeckend und selbstverständlich aber wie in der Postmoderne wohl noch nie. Was Wunder, könnte man meinen, sie war auch noch nie so wichtig, so unentbehrlich wie heute. Sie verlangt aber auch die stimmige Interpretation, denn die Wissenschaft ist keine Göttin, eher eine bescheidene, mangelbehaftete, unter Methodenzwängen leidende Krücke des Erkenntnisgewinns. Aus jenem einfachen Grund, den David Hume einst als »Induktionsproblem« bezeichnete (der Notwendigkeit, aus Stichproben auf die Grundgesamtheit zu schließen), können wissenschaftliche Aussagen niemals »wahr« sein, bleiben immer mit Irrtumswahrscheinlichkeit behaftet.

Schwierig, damit zurechtzukommen, denn differenziertes Denken ist dem menschlichen Gehirn nicht in die Wiege gelegt. Es denkt gerne in Gegensätzen, bevorzugt klare, einfache Antworten, auch zu komplexen Fragen. Das ermöglichte es, über lange evolutionäre Zeiträume hinweg rasche und angepasste Entscheidungen zu treffen. In den komplexen modernen Gesellschaften kann dieser bewährte Mechanismus den Führern am Markt der einfachen Wahrheiten, den religiösen Fundamentalisten und populistischen Politikern, in die Hände spielen. Die Geborgenheit im Einfachen, Klaren verschafft auch Glauben und Aberglauben Vorteile gegen-über dem Wissen. Trotz des Zwangs zum Abwägen und zum Relativieren sind Wissenschaftler aber keine Relativisten. »Falsch« oder »richtig« sind festzumachen, allerdings immer nur vorläufig, denn wissenschaftliche Erkenntnisse bedürfen der ständigen empirischen Überprüfung vor dem Hintergrund sich dynamisch entwickelnder Theorien.

Der Staat trägt, von der Wirtschaft direkt oder indirekt finanziert, die Hauptverantwortung für die Bildung seiner Bürger und damit letztlich für die Eindämmung der geistigen Umweltverschmutzung. Das stimmt nachdenklich, denn Geld wird heute vor allem an den Börsen und nur mehr zum geringen Teil durch Produktionsarbeit verdient; und börsennotierte Unternehmen haben nun einmal die Gewinninteressen ihrer Anleger zu beachten. So kommt es, dass viele Unternehmen satte Gewinne machen, die direkt oder indirekt wieder in den Kapitalmarkt fließen. Die Mitarbeiter hingegen werden über die Löhne nicht mehr angemessen am Erfolg des Betriebes beteiligt, außer sie halten selber Anteile. Normalarbeitsplätze, besonders für gut ausgebildete junge Leute, werden zur Ausnahme, weil Projektbeschäftigung und Outsourcing die Kosten gering halten. Jung, billig und willig, lautet das Motto. Konzerne, die regelmäßig zweistellige Gewinnzuwächse schreiben, gewähren ihren Mitarbeitern mit Ach und Weh ein paar wenige Prozente Lohnerhöhung, wenn überhaupt.
So hält die Wirtschaft gerade jenen »Mittelstand« knapp, auf dessen Schultern ein Gutteil der Steuerleistungen lastet, verknappt damit indirekt auch die öffentlichen Finanzen und betreibt so eine schleichende Entmachtung der Staaten. Börsenorientierung, neoliberale Wirtschaftsideologie und Internationalisierung der Wirtschaft machen deren Erträge für den Fiskus immer weniger greifbar. Das Ungleichgewicht zwischen der Besteuerung von Arbeit und von Erträgen aus Kapital ist bekannt. Die Staaten können so ihre, in einer nicht zuletzt durch die Aktivitäten der Wirtschaft komplexer werdenden Gesellschaft, zentralen Aufgaben – Bildung, Erziehung, Gesundheit, Soziales, Integration etc. – zunehmend schlechter und nur durch steigende Belastung ihres zentralen Bürger- und Wählersegments erfüllen, also genau jener Menschen, die nur mehr unzureichend am Wirtschaftsge-

winn beteiligt werden und von denen die Wirtschaft doppelt profitiert: als Mitarbeiter und als Systemerhalter.
Als Symptom dieser Entwicklung kann die Entwicklung der Einkommensunterschiede zwischen den Beschäftigten in der Privatwirtschaft und denen öffentlicher Einrichtungen gelten. Verdiente man bis in die 1980er-Jahre in der Privatwirtschaft mehr, so ist dies heute eher umgekehrt. Man wird langfristig das Einkommen der Beamten und der Pensionisten an die sinkenden Einkommen in der Privatwirtschaft anpassen müssen. So können bereits die heute Jungen den materiellen Wohlstand ihrer in den 1950er- und 1960er-Jahren geborenen Eltern nicht mehr halten. Mit einer negativen Einkommensentwicklung und einer Verringerung der Gestaltungsmöglichkeiten gehen Frustration und ein Absturz des Ansehens von Staat und Politik einher. So bereitet den Staaten eine ihrer Kernaufgaben, nämlich die Bedingungen und Regeln für die Wirtschaft vorzugeben, bereits sichtbare Probleme (lange zugedeckt durch die vorherrschende Ideologie des »Marktes«).
An Symptomen für diese Diagnose einer schwächelnden Staatlichkeit fehlt es nicht. So werden etwa Parallelgesellschaften und gefährliche Subkulturen unter den Jugendlichen (z. B. Skinheads) geduldet. In praktisch allen Staaten der entwickelten Welt scheitert die konfliktarme Integration, dem zunehmenden Migrationsdruck begegnet die »Erste Welt« mit erschreckender Hilflosigkeit. Weltweit nehmen immer größere Teile der Wirtschaft mafiöse Strukturen an, wobei in manchen Nachfolgestaaten der ehemaligen Sowjetunion mit dieser konsequenterweise auch gleich Politik und Staat mitübernommen wurden. Auch ein privater Justizvollzug, die Gründung von Bürgerwehren oder die Aufgabe ganzer Stadtviertel sprechen nicht gerade für vitale Staaten. Natürlich diskutieren die Bosse von Siemens und Shell nicht miteinander, wie man Präsidenten oder Staaten unter Kontrolle bekommt (oder doch?). Aber ausgerechnet die USA als mächtigstes Land der Erde werden bereits heute recht offensichtlich

von mächtigen Wirtschaftslobbys gelenkt, nicht anders ist es übrigens im Bereich der EU. Die vielen immer machtloser werdenden Staaten in ihrer Interessenskakophonie können (wollen?) kaum mehr gegensteuern. Das klassisch gefügte Wirtschafts- und Staatssystem gerät in Schieflage, das früher stimmige Motto »Geht's der Wirtschaft gut, geht es allen gut« ist Schnee von gestern.

Eine eklektische Themenliste, fürwahr. So wären der Verlust an Kreativität und sozialer Kompetenz aufgrund der »Ein-bis-kein-Kind-Familie«, Lebensstil und eine Serie von sozio-gesellschaftlichen Defizitsymptomen, der Paradigmenwechsel von Bildung zur Ausbildung und dessen Zusammenhang mit einer Untertanengesellschaft, die Notwendigkeit einer individuenzentrierten Ethik oder auch das Problem der Asymmetrien der Geschlechter erörternswert. Vielleicht ein andermal. Offensichtlich geriet meine Themenauswahl anders als jene von Konrad Lorenz, die aus dem historischen Kontext zu deuten ist. Denn einfach mit Lorenz »Pathologien« der »sozialen Instinkte« als Folge der »genetischen Degeneration des Zivilisationsmenschen« zu sehen, wäre im Lichte des heutigen Wissensstandes lächerlich. Das Gegenteil scheint der Fall: Die großen Probleme sind letztlich auf jene (unglücklicherweise) intakten »Instinkte« zurückzuführen, die den Erfolg des Menschen über Hunderttausende von Jahren gewährleistet haben. In einer komplexen, hochvernetzten Welt schafft diese früher angepasste Grundkonstitution Probleme. Die sind aber nicht mit Wegschauen oder mit ideologischem Wunschdenken zu bewältigen, sondern, wenn überhaupt, nur pragmatisch auf Basis stimmiger Diagnosen unter Berücksichtigung der evolutionären Natur der Menschen.

Reinhard Böhm

VOM EIS UND VOM MEERESSPIEGEL

Normales und Postnormales zum Klimawandel

In den 1980er-Jahren wurde die Klimatologie aus dem Zustand einer normalen Wissenschaft, die relativ wenig beachtet ihr ruhiges Dasein fristete, durch die Furcht vor einem globalen Klimawandel jäh ins Zentrum des öffentlichen Interesses gerückt. Es waren auch die 1980er-Jahre, in denen der Einschätzung unserer Wissenschaft nach der menschliche Einfluss auf das globale Klima endgültig mit all den natürlichen Gründen für Klimaschwankungen vergleichbar wurde – und zwar über den schon oft beschriebenen Effekt der Treibhausgase, die wir in die Atmosphäre einbringen. Wahrscheinlich haben wir schon etwa ab den 1950er-Jahren merkbaren Einfluss auf das Klima genommen, als wir es durch ein enormes Wirtschaftswachstum auf der Basis schmutziger Technologien zustande brachten, eine messbare Abkühlung zu erreichen. Für die Gletscher war das erholsam, für uns selbst höchst ungesund, und wir haben mit Erfolg viel investiert, um die Atmosphäre von den Aerosolen und Partikeln zu befreien, die die Einstrahlung der Sonne vermindert haben. Übrig geblieben sind das CO_2 und andere Gase, die die Wärmeausstrahlung verringern und die wesentlich schwerer zu bekämpfen sind und sein werden.
Der Einfluss des Menschen auf das globale Klima ist also unbestritten und wird wohl auch noch längere Zeit weitergehen. Die normale, sprich rationale Reaktion einer hoch komplizierten Zivilisation wie der unsrigen auf eine neue ernste

Herausforderung wäre, rational zu reagieren. Das heißt, möglichst genau zu analysieren, wo die Probleme liegen, und dann Strategien zu entwickeln, wie die Nachteile der neuen Randbedingung für unsere Existenz möglichst gering gehalten und die Vorteile der Veränderung möglichst gut genutzt werden können. Der Schwerpunkt des Autors dieser Zeilen liegt als Wissenschaftler naturgemäß auf der Analyse, die ja auch der notwendige Unterbau aller Strategien sein muss. Allerdings steht ein Wissenschaftler, der sein Metier ernst nimmt, mit einer gewissen Fassungslosigkeit einer Wissenschaft vom Klima gegenüber, die sich zurzeit »heftig postnormal« präsentiert. Der Ausdruck »postnormal« wurde von meinem Kollegen aus Hamburg, Hans von Storch, kreiert. Er unterschied in einem Vortrag im Rahmen der Rauriser Literaturtage 2007 zwischen einer »normalen« Naturwissenschaft, die sich darum bemüht, die Natur zu verstehen und zu beschreiben, und einer »postnormalen«, die von ihren Proponenten zu verschiedensten Zwecken benutzt wird. Die Skala reicht dabei von »politischer Waffe« über »Gewinnstreben« bis hin zu auch hehren Zielen wie »Rettung der Welt«. Meine Waffe zur Verteidigung meines Fachgebietes gegen postnormale Entgleisungen besteht im ständigen Bemühen um Exaktheit sowie um höchstmögliche Transparenz und Nachvollziehbarkeit. Diese Kriterien machen es allerdings auch schwer, die im öffentlichen Diskurs grassierenden Forderungen nach Kürze und Einfachheit so perfekt zu erfüllen, wie es etwa Friedrich Achleitner in seinem Beitrag vom »Urknallkopf« so treffend und köstlich beschreibt, wenn er einen Reporter schlicht fragen lässt: *»können sie mir in ein paar worten, höchstens in drei sätzen, den urknall erklären?«* Ich möchte noch hinzufügen, dass meist auch noch die Forderung nach möglichst kurzen Sätzen gestellt wird – vier Wörter pro Satz wären das anzustrebende Ideal.

Der geschätzte Leser wird schon bemerkt haben, dass ich mich dieser Anforderung bewusst entziehe. Unsere Welt und

ihre Probleme sind meist nicht einfach. Ganz im Gegenteil, gerade die Klimaproblematik ist höchst komplex und entzieht sich damit per se einer einfachen Darstellung und natürlich auch Lösung. Ich muss mich daher hier notgedrungen – der Platz für meinen Beitrag ist begrenzt – auf einen kleinen Mosaikstein im großen und noch nicht voll und ganz verstandenen Puzzle des vernetzten Klimasystems beschränken. Da mir gerade, als ich mit dem Schreiben beginnen wollte, wieder eine der zahllosen Aussendungen zum Thema auf den Bildschirm geflattert ist, die *»ein Verschwinden aller Gletscher der Alpen unter 3.000 m Seehöhe zwischen 2030 und 2050«* postuliert, *»wie es in den Prognosen heißt«*, hat sich beinahe von selbst die Qual der Wahl gelöst, und ich werde versuchen, hier einige belegte Fakten über den Themenkreis »alpine und polare Gletscher und der Meeresspiegel« zu bringen. Um übrigens meiner Forderung nach Transparenz und Nachvollziehbarkeit nachzukommen: Das vorher erwähnte Zitat stammt aus der APA-Aussendung 0097 5 CI 0463 XI vom 23. August 2007 mit dem Titel »Kromp-Kolb: Gletscher-Abdeckungen keine Lösung des Klimaproblems«. Mit dem Titelstatement hat die Kollegin ja zweifellos recht, aber das mit dem Verschwinden zwischen 2030 und 2050 ist wieder einmal eines dieser typischen, schlicht falschen, postnormalen Statements, im speziellen Fall eines aus der Kategorie »Rettung der Welt«. Diese stören mich, wenn sie falsch sind, ganz besonders, da sie kritischer Hinterfragung automatisch das Odium verleihen, sich dieser Rettung der Welt entgegenzustellen – und das ist schlicht unfair und auch hochgradig unwissenschaftlich.
Das Thema Gletscher und Meeresspiegel kommt mir außerdem ganz generell sehr gelegen, da ich die Frage des Meeresspiegelanstieges für eines der wenigen, aber ernsten und realen Probleme im Zusammenhang mit dem Klimawandel halte. Gerade deshalb ist hier eine besondere Qualität der Aussagen gefordert, und zwar nicht nur in qualitativer,

sondern auch und vor allem in quantitativer Hinsicht. Es ist richtig, aber banal und für die Praxis nutzlos, einfach in den Raum zu stellen, dass *»die Klimaerwärmung [...] einen Anstieg des Meeresspiegels verursachen [wird]«*, wenn keine Angaben von der Art *»cm pro Jahrzehnt«* oder, wie bei Al Gore, *»several meters this century«* folgen – nur in letzterem Fall würden die Niederlande sowie große Teile Manhattans und Bangladeschs verloren gehen. Außerdem sind wir gerade bei dieser Frage noch in einer relativ günstigen Position, was die rationale Beantwortbarkeit betrifft – bei ihr liefern die »state of the art«-Klimamodelle bereits relativ vertrauenswürdige Aussagen, ganz im Gegensatz etwa zum Darling der Angstlust in der öffentlichen Klimadiskussion: der beinahe a priori unterstellten automatischen Zunahme der Wetterkatastrophen in einer wärmeren Atmosphäre. Bei dieser Behauptung, die üblicherweise durch Medienberichte oder fragwürdige Statistiken aus dem Bereich der Versicherungswirtschaft »bewiesen« wird, besteht eine geradezu atemberaubende Diskrepanz zwischen öffentlicher Wahrnehmung und dem tatsächlichen Stand der Wissenschaft. Doch dazu reichen meine zehn Seiten nicht aus, lassen wir daher jetzt die Fakten über das Wasser auf unserer Erde in fester und flüssiger Form sprechen. Alle Zahlen stammen aus dem neuen IPCC-Report, dem alle fünf bis sechs Jahre erscheinenden wahren Monsterwerk, das versucht, den aktuellen Stand der Wissenschaft des Klimas und seiner Veränderlichkeit zusammenzufassen. Ein kühnes Unterfangen, das aber, ähnlich wie Churchills Bonmot über die Demokratie als *»schlechte Regierungsform, aber ich kenne keine bessere«*, ohne Konkurrenz dasteht und nur wärmstens empfohlen werden kann. Diese Empfehlung gilt aber ausdrücklich nur für die Vollfassung (*IPCC-2007. Contribution of Working Group 1 to the Fourth Assessment Report of the Intergovernmental Panel on Climate Change*, im August 2007 erschienen bei Cambridge University Press; kann seit Juli 2007 auch von http://ipcc-wg1.ucar.edu/wg1/wg1-report.html frei heruntergeladen werden). Keinesfalls aber gilt sie für die stellenweise kläglichen »politischen Zusammenfassungen« oder wie diese Versuche, solide Wissenschaftsarbeit gleich wieder in interessengesteuerte Meinungsmache zu transformieren, alle heißen mögen.

Die kilometerdicken Inlandeisschilde der Antarktis und Grönlands bedecken derzeit etwa 16 Millionen km² (190-mal die Fläche Österreichs). In ihnen ist derart viel Wasser in fester Form gespeichert, dass das Abschmelzen der Antarktis den Meeresspiegel um 65 m, den Grönlands um 6 bis 7 m ansteigen ließe. Alle anderen polaren Eiskappen und die Gebirgsgletscher fallen demgegenüber kaum ins Gewicht. Sie bedecken etwa eine halbe Million km², ihre gesamte geschmolzene Eismasse würde den Meeresspiegel um 15 bis 35 cm erhöhen. Flächenmäßig vergleichbar mit dem kontinentalen Inlandeis ist das Meereis des nördlichen Eismeeres und der südlichen Ozeane rund um die Antarktis. Im arktischen Winter bedeckt es rund 15 Millionen km², am Ende des Sommers, im September, (derzeit noch) etwa 8 Millionen km², rund um die Antarktis sind die entsprechenden Zahlen 18 und 3 Millionen km². Da das Meereis auf dem Wasser schwimmt, kann es keine Veränderungen des Meeresspiegels verursachen. Es hat jedoch großen Einfluss auf das globale Klima. Es isoliert die polare Atmosphäre vom wärmeren Ozeanwasser und es destabilisiert das Klima durch die »Albedo-Rückkopplung« – die auf der für Schnee und Eis starken, für aperes Land und den Ozean sehr viel geringeren Reflexion der Sonneneinstrahlung beruht. Genaue Angaben über Trends des polaren Meereises gibt es erst seit den 1970er-Jahren durch Satellitenmessungen. In diesen dreißig Jahren haben sich die winterlichen Eisgrenzen stabil verhalten, die sommerlichen Flächen sind in der Arktis um etwa 9 % kleiner geworden, in der Antarktis gab es auch im Südsommer keinen beobachtbaren Trend. Modellrechnungen für das Ende des 21. Jahrhunderts zeigen kaum Änderungen für die winterlichen Eisgrenzen. Für die sommerlichen Minima gehen die Berechnungen noch stark auseinander. Die Ergebnisse liegen zwischen einem alljährlichen völligen Verschwinden in den Sommern um das Jahr 2100 herum bis hin zu weniger tief greifenden Änderungen – es gibt auf diesem Gebiet also noch viel Forschungsbedarf.

Vor geologisch kurzer Zeit, auf dem Höhepunkt der letzten Vereisungsphase vor 25.000 Jahren, war beinahe dreimal so viel Eis auf den Kontinenten vorhanden wie heute. Das meiste davon bedeckte weite Teile Nordeuropas und Nordamerikas. Der Meeresspiegel lag um 120 m tiefer als heute, wodurch Randmeere wie die Nordsee oder die Adria trockenlagen und Nordamerika mit Asien verbunden war. Es liegt nun nahe, zu befürchten, dass infolge der globalen Erwärmung durch Treibhausgase ein drastischer Anstieg des Meeresspiegels zum Hauptproblem der Menschheit werden könnte. Genauere Überlegungen zeigen jedoch, dass dieser anscheinend so einfache Schluss in Wahrheit wesentlich schwieriger zu durchschauen und in Zahlen zu fassen ist. Die polaren Eisschilde werden nämlich bei Temperaturzunahme mehr Niederschlag empfangen, da eine wärmere Atmosphäre deutlich mehr Wasserdampf aufnehmen und transportieren kann. So kann etwa ein Kubikmeter Luft unter einem Druck von einer Standardatmosphäre bei –20 °C 1,1 Gramm Wasserdampf beinhalten, bei –10 °C sind es 2,1 Gramm, also beinahe doppelt so viel, bei 0 °C bereits 4,8 Gramm. Bei den in der Antarktis gegebenen Umgebungstemperaturen fällt der Niederschlag hier aber immer noch größtenteils in Form von Schnee, wodurch die Antarktis bei Erwärmung zunächst anwächst. Die Massenverluste erfolgen im polaren Klima, vor allem bei der Antarktis, kaum durch direktes Abschmelzen (wie etwa bei den alpinen Gebirgsgletschern), sondern durch »Kalben« der Randgletscher in den Ozean. Die Kalbungsrate würde sich bei anwachsendem Inlandeis und steigender Temperatur erhöhen, aber der Nettoeffekt – Zuwachs im Inneren minus Kalben am Eisrand – ist überaus schwer zu berechnen. Die aktuellsten Modellrechnungen sagen für das 21. Jahrhundert für Grönland eine schwach negative Nettobilanz voraus, für die (kleinere) Westantarktis ebenfalls eine negative, für die (größere) Ostantarktis eine positive Massenbilanz. In Summe ist das somit ein eher geringer Beitrag der polaren Inlandeismassen zum Meeresspiegelanstieg. Dieser wird den Annahmen nach bis Ende des 21. Jahrhunderts insgesamt 20 bis 50 cm betragen. Wie die nachstehende Tabelle zeigt, wird der größte Teil des Meeresspiegelanstieges von der thermischen Ausdehnung des Ozeanwassers verursacht, gefolgt vom Schmelzwasser der Gletscher und der Eiskappen. Die beiden großen polaren Inlandeismassen sind am stabilsten, Grönland wird weniger negativ bilanzieren als die Antarktis positiv. Deshalb hat die Antarktis in der Tabelle durchwegs ein negatives Vorzeichen, was bedeutet, dass sie den Meeresspiegel sogar senken wird. Die Zahlenwerte beruhen auf den drei (von 35) Hauptszenarien von *IPCC-2007* für die politische, wirtschaftliche und gesellschaftliche Weltentwicklung der nächsten 100 Jahre: also für die wohl realistische A1B-Welt, die von IPCC meist als »Leitszenario« verwendet wird, für die wohl kaum zu erreichende »Idealwelt« B1 mit voller und erfolgreicher Konzentration auf Treibhausgaseinsparung und für die hoffentlich nicht eintreffende A2-Welt mit ungebremstem Wachstum und schließlich 15 Milliarden Menschen auf der Erde statt 7 Milliarden wie in den beiden anderen Szenarien. Insgesamt sind die Unterschiede zwischen den drei Szenarien bezüglich des Meeresspiegels sehr gering, was zum Teil an der enormen Trägheit der Ozeane und der großen Eismassen der Erde liegen dürfte. Im Fall der Meeresspiegel-Modellierung ist die Unsicherheit, die von der Modellierung herrührt, größer als die, die auf den verschiedenen Entwicklungsszenarien der Menschheit beruht.

Vor allem Wirtschaftswissenschaftler, wie beispielsweise Nicholas Stern (der Autor des berühmten »Stern«-Reports aus dem Jahr 2006), wären dazu aufgerufen, die ökonomischen Unterschiede zwischen 20 und 50 cm Meeresspiegelanstieg zu berechnen. Diese zweifellos in die Milliarden gehenden Summen wären ein guter Vergleichsmaßstab für Mittel, die in die Grundlagenforschung investiert werden sollten, um derartige noch existierende Unsicherheiten möglichst schnell zu vermindern.

Veränderungen des mittleren Meeresspiegels bis zum Ende des 21. Jahrhunderts für die drei IPCC-Hauptszenarien über die Entwicklung der Erde und mit dem Schwankungsbereich, der durch die verschiedenen Klimamodelle gegeben ist (der »Von-bis«-Bereich entspricht dem 5%- bis 95%-Schwankungsbereich der unterschiedlichen Modellergebnisse):

	A1B Szenario			A2 Szenario			B1 Szenario		
	von	bis		von	bis		von	bis	
Thermische Expansion des Ozeans	+13	+32	cm	+14	+35	cm	+10	+24	cm
Gletscher und Eiskappen	+8	+15	cm	+8	+16	cm	+7	+14	cm
Grönland	+1	+8	cm	+1	+8	cm	+1	+5	cm
Antarktis	-12	-2	cm	-12	-3	cm	-10	-2	cm
gesamter Meeresspiegelanstieg	+21	+48	cm	+23	+51	cm	+20	+45	cm

Quelle: *IPCC, 2007,* Kap. 10, Tab. 10.7.

Die Trägheit der Ozeane und der Kryosphäre bewirkt allerdings auch, dass die Entwicklung über die hundert IPCC-Jahre hinaus im Auge behalten werden muss. Die thermische Ausdehnung des Ozeanwassers wird weitergehen, wenig beeinflusst davon, wie erfolgreich die Treibhausgase eingedämmt werden. In den ersten bereits durchgeführten 1.000-Jahres-Modellläufen von allerdings noch sehr einfachen Modellen erreicht sie bis um das Jahr 3000 herum im Mittel einen Meter, mit einem Schwankungsbereich der Modelle zwischen 50 cm und 2 m (*IPCC-2007,* Kap. 10, Abb. 10.34). Für Grönland wurden auch längerfristige »Abschmelzmodelle«

errechnet. Ab 2,7 °C anhaltender regionaler Temperaturerhöhung würde das Inlandeis Grönlands langfristig komplett verschwinden – allerdings erst nach etwa 3.000 Jahren. Für die Antarktis sind die Unsicherheiten für derartige Modellrechnungen noch zu hoch, sie ist jedenfalls als stabiler als Grönland anzunehmen – auch über sehr lange Zeiträume hinweg. Ob unser »Treibhauszeitalter« aber länger als einige wenige Jahrhunderte andauern wird, ist zu bezweifeln – die Begrenztheit der Lagerstätten fossiler Energieträger spricht dagegen. Damit sind 1.000- und mehrjährige Zukunftsszenarien unter Treibhausgaseinfluss eigentlich müßig – selbst wenn unsere Computertechnologie in naher Zukunft den dafür nötigen gigantischen Rechenaufwand wohl bewältigen wird. Damit disqualifizieren sich allerdings auch die in der öffentlichen Debatte kursierenden Horrorszenarien eines Abschmelzens des grönländischen Eisschildes als unwissenschaftlich – auch wenn halb Florida, der Hafen von New York und ganz Holland in Oscar-prämierten Hollywood-»Docutainments« gekonnt inszeniert in den Fluten verschwinden.
Die Überprüfung der Modellrechnungen der Kryosphäre durch Messungen wird derzeit vor allem in den Polargebieten mit großem Aufwand betrieben. Die Größe und Unwirtlichkeit der Antarktis, Grönlands und des polaren Packeises machen es allerdings nicht leicht, diesen letzten Stücken wirklicher Wildnis ihre Geheimnisse zu entreißen. Die verstärkten Forschungsanstrengungen des Internationalen Polarjahres 2007/08 werden einen wesentlichen Beitrag dazu liefern. Wir wären gut beraten, gerade diese und generell die Grundlagenforschung nicht zu vernachlässigen, wie es leider dem zurzeit herrschenden Zeitgeist entspricht. Ich höre zwar andauernd die Wortspenden der Politiker, wie sehr sie sich dessen bewusst sind, aber zumindest in meiner Wissenschaft und in meinem Land sehe ich nur ein überaus geringes Äquivalent in Form von tatsächlicher Förderung der Grundlagenforschung. Das ist langfristig gesehen jedenfalls überhaupt

nicht nachhaltig – um dieses selten wirklich ernst genommene Modewort zu gebrauchen. Man wird das spätestens dann erkennen, wenn der schleichende langfristige Trend in Richtung Erwärmung tatsächlich nach echten Lösungen verlangt. Wenn keine greifbaren Resultate der Grundlagenforschung da sind, die dann zur Anwendung gebracht werden können, werden die schmetterlingsgleich von Blüte zu Blüte lässiger Statements schwebenden Traumtänzer der hohlen Phrasen aus dem Fundus des Klimawandelmarketings schnell mit leeren Händen dastehen. Aber dazu bedarf es echter Arbeit, die die Mehrheit der Wissenschaftler ohnehin leistet – hoffentlich werden sie weiterhin und in Zukunft verstärkt mentale und auch reale Unterstützung finden. Es schwimmt sich schwer gegen den Mainstream der öffentlichen Meinung – wie es aber für »Streams« typisch ist, tendieren diese dazu, den Weg des geringsten Widerstandes zu fließen, der aber schnell zu falschen Tatsachen und damit zu falschen Lösungen führen kann.

Franz Nahrada

SCHUBUMKEHR

Ein Plädoyer für die Globalen Dörfer

Gerade eben lese ich in der Zeitung, dass der Punkt überschritten ist, an dem mehr Menschen in Städten als im ländlichen Raum leben. 3,3 Milliarden Menschen drängeln sich auf zwei Prozent der Landfläche des Planeten zusammen. Von der UNO wird diese Entwicklung begrüßt, denn sie gehört, so erfahren wir, zur – Entwicklung. Ohne Städte kein Wirtschaftswachstum, ohne Wirtschaftswachstum keine Entwicklung, kein Reichtum, kein Fortschritt. In den Städten konzentrieren sich Dynamik, Logistik, Support, komplexe Technologien, Bildung. Und so weiter.
Die Erfahrung und der tägliche Nachrichtenkonsum zeigen uns jedoch ein ganz anderes Bild: Neben glänzenden Hochhäusern und glitzernden Shopping Malls entwurzelte Menschen, Slums, Wanderarbeiter. Arbeitslose Menschenmassen ohne Verwendung. Verkehrsinfarkte, zusammenbrechende Infrastrukturen. Städte wie Ameisenhaufen, in denen sich menschliche Ansprüche wechselseitig die Luft zum Atmen nehmen. Astronomische Immobilienpreise, Spekulation, Verschuldung, prekäre Schicksale.
Es scheint keine Alternative zu geben. Die Verbindung zwischen Erde und Mensch scheint sich aufzulösen. In den Vorstädten der Reichen und der Mittelklasse wird sie noch simuliert, die Landnahme des freien Menschen auf eigenem Grund und Boden. Doch sie lebt nicht aus sich selbst heraus, sondern ist abhängig vom Bankkonto. In den peripheren Re-

gionen hingegen, dort, wo kein Geld zu machen ist, beginnen sich wieder Füchse und Bären gute Nacht zu sagen, der Bauernstand wird zurückgedrängt, denn lange können wir uns die Subventionen nicht mehr leisten, heißt es. Wo Feld war, wird wieder Wald.
Anderswo, weiter südlich, ist es umgekehrt: Wo noch Wald ist, und damit Humus, wird gerodet, während ausgelaugte landwirtschaftliche Flächen veröden, versteppen. Grosso modo geht Kulturlandschaft en masse verloren, während die Globalisierung weiterzieht. Landwirtschaft ist Industrie. Industrie ist Konkurrenz um Stückkosten. Und die ist gnadenlos.

Der Verlust ist schleichend, aber spürbar. Mit dem immer stärkeren Auseinanderklaffen der Lebenschancen und der Lebensstile, mit der Beschleunigung der städtischen Dynamik nimmt die Dynamik der Landflucht zu. In China sind »Ich bin arm« und »Ich wohne im Dorf« synonym. Städtische Slums heißen dort »Dörfer«.
Das eigentlich Unerhörte ist aber, dass das Resultat menschlicher Aktivitäten wie ein Naturgesetz über uns hereinbricht. Die immens steigende Produktivität hat sich unter den Bedingungen der Warenproduktion zur riesigen Bedrohung ausgewachsen, denn sie entwertet die Arbeit all derer, die mit dieser Produktivität nicht mithalten können. Die Idee, dass unser Planet ein sich selbst im Gleichgewicht haltender Organismus ist, mit einem Haushalt, dessen (möglicherweise intelligentester und steuernder) Teil wir sind, ist seltsam ohnmächtig gegen diese von Menschen entfesselte Dynamik.
Wir agieren primär als Individuen, Familien, Nationen, Kulturen – und erzeugen einen planetaren Fieberschub, an dem wir alle in verschiedenem Ausmaß leiden. Die Überhitzung wird spürbar, als Klimawandel und als Knappheit an Lebenswichtigem – Wasser, Raum, Lebenschancen. Immer

mehr Menschen wollen eine Schubumkehr, doch wie ist sie zu bewerkstelligen? Wie sehen die Visionen einer anderen Zukunft aus?

Beginnen wir mit einer statistischen Übung. Leiden wir an Überbevölkerung und ist die mehr an tierischen Überlebenskampf als an menschliche Gestaltungsfähigkeit erinnernde Konkurrenz um die Ressourcen tatsächlich eine Folge unserer schieren Anzahl? Ist es so, dass diese Erde und ihre Reichtümer eben nicht genug hergeben für 6,6 Milliarden? Wie viel von uns erträgt unser Planet? Die Tragfähigkeit der Erde hängt weitgehend von der Gestaltung der menschlichen Produktions- und Lebensweise ab. Sie wächst in dem Ausmaß, in dem der Mensch selbst zur Erneuerung der natürlichen Ressourcen beiträgt, statt sie zu verbrauchen und zu degradieren. Sie hängt von Konsumgewohnheiten und Ansprüchen ab, zum Beispiel vom Anteil des Fleischkonsums an der Ernährung (die bis zu siebenfache Menge von Nahrungsmitteln wird als Futtermittel benötigt), oder von den Mobilitätsgewohnheiten und Transporterfordernissen. Gelingt es, diese Ansprüche in ein vollkommen der Natur und ihren Prinzipien angepasstes technologisches Schema zu integrieren, dann ist die Bevölkerungszahl nicht das primäre Problem. Es ist ja nicht der Mensch in seiner organischen Leiblichkeit, der das Problem verursacht, sondern es sind seine Autos, Fabriken, Häuser, Städte, also die technischen Artefakte und deren Gestaltung.

Die Antwort auf die Frage nach der Alternative liegt also vielleicht viel weniger als weithin angenommen in einer Reduzierung des Ressourcenumsatzes, sondern in einer für den planetaren Gesamthaushalt förderlichen Gestaltung genau jener technischen Artefakte, die die menschliche Lebens- und Reproduktionssphäre ausmachen. Damit ist nicht die Umstellung von Benzin- auf Elektroautos gemeint, obwohl dies ein Übergangsphänomen sein könnte, denn auch Elektroautos erzwingen einen ungeheuren Sekundäraufwand an

Straßenbau, Flächenversiegelung und so weiter. Damit ist auch mehr gemeint, als Passivhäuser zu bauen.
Die Antwort liegt im Innersten vielmehr in einer möglich gewordenen Enthierarchisierung des Raumes, in einer ungeheuren Dezentralisierung menschlicher Lebensaktivitäten, durch die eine Fokussierung auf ein lokales Gleichgewicht menschlicher Aktivitäten mit den uns umgebenden Naturprozessen möglich geworden ist. Bildlich gesprochen: Es ist uns möglich geworden, »ins Dorf zurückzukehren und die Städte mitzunehmen«. Die erst in den letzten Jahrzehnten zur Entfaltung gelangten Technologien der dezentralen flexiblen Automatisierung und des ubiquitären Informationsstroms Internet zusammen ergeben die Chance, komplexe menschliche Lebensumgebungen drastisch zu miniaturisieren und funktionell in den Haushalt und die Topologie unseres planetaren Systems einzubauen.
Das Argument dafür haben Stoffstromanalysen geliefert, die zeigen, dass mit der zunehmenden Größe der Stadtsysteme die Versorgung mit zusätzlichen Einheiten an Wasser, Nahrung, Energie immer aufwendiger wurde; fast alle Prozesse unserer Zivilisation benötigen »Dissipationsräume«, in denen Wasser und Luft gereinigt, gefiltert, gespeichert und die hochwertigen organischen Ausgangsmaterialien unseres Lebens aufgebaut und synthetisiert werden. Der ideale menschliche Siedlungsraum in diesem Sinne ist das Dorf oder die kleine Stadt, die

- dem Einzelnen einen Ausweg aus der psychologischen Dominanz der Kultur und der Künstlichkeit weist und ihm ermöglicht, sich nicht als Nummer, sondern als autonomer Mensch zu erleben;
- Gruppen von Menschen umgekehrt auch die Möglichkeit der Manifestation von Werten und Stilen, von Gestaltung und Raum gibt;
- vor allem aber auch die Menschen und ihr Habitat funktionell mit ihrer Naturumgebung zu einem Kreislaufsystem verbindet.

Ausgerechnet der feldbildende, den Raum und seine Hierarchien überwindende Charakter der Informationstechnologien hat die Rückkehr zu lokalen und verdichteten Lebensräumen möglich gemacht. An die Stelle der Hypermobilität tritt die Hyperlokalität; wir brauchen uns nicht wie verrückt auf diesem Planeten zu bewegen, um das zu finden, was wir suchen. Wir finden es zunehmend in unseren eigenen Räumen, die durch die Netzwerkrevolution mit Verbindungen und Informationen aufgeladen und verdichtet sind. Der Geist kehrt aus den großen Institutionen, den Universitäten, Archiven, Bibliotheken, Archiven, zurück in jedes Heim, wo digitale Artefakte jeder Art verfügbar und bearbeitbar werden.

Die dermaßen global zirkulierende Information, wird sie sachgerecht betrachtet, im Verbund mit der »realisierenden« Technologie der dezentralisierten Automation, wie sie am entschiedensten, aber auch am missverständlichsten im sogenannten »Rapid Prototyping« (den berühmten »Fabrikatoren«, also 3D-Materiedruckern) zum Ausdruck kommt, hat mehrere, einander hervorragend ergänzende Eigenschaften, die zusammen einen Quantensprung auslösen:

1. Wir können gemeinsam Gegenstände hoher Komplexität entwerfen.
2. Wir können diese Entwürfe unendlich oft und überallhin kopieren.
3. Wir können diese Entwürfe auseinandernehmen und neu zusammensetzen, gemäß unseren Bedürfnissen modifizieren und weiterentwickeln.
4. Wir können mit diesen Entwürfen Maschinen betreiben, die die Entwürfe realisieren.

Auf dieser Grundlage ist es sehr viel einfacher geworden, an jedem Ort der Welt menschliche Produktivität und Reichtum zu entfalten. Wenn man diesen Gedanken weiterspinnt, lässt sich sagen, dass es auch möglich geworden ist, das jeweils passende und für die planetare Funktionalität passende

menschliche Lebensvorsorgesystem wachsen zu lassen. Jedes so entstandene »Dorf« ist ein Ausdruck des Wissens und Könnens der ganzen Welt, das mit den lokalen Gegebenheiten eine nachhaltige Kooperation eingeht.
Dabei können Ideen, die an einem Ort entstehen, an Millionen von Orten reproduziert werden, und der Anstoß, diese Ideen zu entwickeln und zu verbreiten, ist der schlichte Umstand, dass ein Vielfaches an Innovation von anderen Orten zurückkommt. Eine »Informationsgesellschaft«, ernst genommen, wäre keine »Informationsbewirtschaftungsgesellschaft«, sondern eine Gesellschaft des freien Wissens, in der die kooperative Natur des menschlichen Wissens voll zur Geltung kommt. Jede lokale Realisation dieses Gedankens wirkt unmittelbar verstärkend und eine kritische Masse solcher »globaler Dörfer« würde schließlich die derzeit dominante Form der Wirtschaft »auskooperieren«. Globale Dörfer sind also nach dem Prinzip der Hyperlokalität gestaltete Lebensräume, in denen die mehrfachen Vorteile des freien Wissensaustausches (»Open Source«) bewusst angewandt werden.
Was derzeit noch utopisch klingt, wird heute von vielen Menschen bereits konsequent verfolgt: Das Solar Heat Pump Electrical Generation System Projekt (http://www.shpegs.org) ist ein offenes Projekt, das versucht, die notwendige raschestmögliche Umstellung auf erneuerbare Energien und im Speziellen auf geothermale Verfahren durch die Bündelung der Entwicklungskapazität vieler Unternehmen zu erreichen. Linus Torvald hat mit Linux gezeigt, dass freie Software möglich ist. Ähnlich setzt der Anglokanadier Richard Nelson auf die freie Weiterentwicklung seines »Solaroof« (http://www.solaroof.org) durch weltweit kooperierende Communities. In transparenten Behältnissen und Schlauchsystemen auf den Dächern soll nicht nur Wasser erwärmt, sondern auch systematisch Biomasse in Form von hochwertigen Algen angereichert werden – diese »blau-grünen Dächer« wären

wohl weltweit die sinnvollste Lösung, um das in Übermaß vorhandene atmosphärische CO_2 – ein Erbe der verbrannten Biomasse aus der Karbonzeit – zu reduzieren.
Im Zuge dieser Schaffung einer ganzen Welt neuer Artefakte, die zu hundert Prozent mit erneuerbaren Energien und Stoffen zu tun haben, kommt es auch zu einer Würdigung der Qualität vieler Pflanzen- und Tierarten selbst, die im Verbund mit dem Menschen und seinen Artefakten eine immens reiche Lebenssphäre zu schaffen in der Lage sind. Die fortgeschrittenste Automationstechnik wird beschämt durch die Selbstherstellung, Selbstheilungsfähigkeit und Sensibilität der Pflanzen, die weit über photo- und chemotropische Mechanismen hinaus ein Kommunikationssystem enormer Leistungsfähigkeit mit ihrer Umwelt besitzen.

Ich will nicht behaupten, dass ich mich als Soziologe mit diesen Dingen übermäßig gut auskenne, aber eines ist sicher: Der Mensch ist gut beraten, näher hinzusehen und das Design der Natur zu begreifen. Das, was er erfolgreich über Jahrtausende getan hat, nämlich sich mit einem kulturell überformten Ökosystem zu umgeben, ist wohl die einzige Überlebensperspektive nach den wenigen Jahrhunderten des industriell-fossilen Wahns. In dem Maß, in dem die zentralisierende Industrie durch die dezentralisierende Automation abgelöst wird, erkennen wir die Strukturanalogien zwischen unseren Produkten und den Lebensformen um uns herum. Es ist nicht einzusehen, warum die Kreaturen aus Silikon und die aus Karbon in einen Kampf um diesen Planeten treten sollten; sie sind miteinander verwandt und werden einander immer ähnlicher.
Wir haben gelernt zu analysieren und zu synthetisieren, uns mit künstlichen Stoffen zu umgeben. Neuere Forschungen – unter anderem von Braungart, McDonough und von Hanswerner Mackwitz – zeigen uns, dass die nächste Generation dieser Materialien zumeist pflanzlichen Ursprungs sein

werden – wir kennen bereits heute kompostierbare Plastikflaschen und können aus den immensen pflanzlichen Abfällen von Mais und Sonnenblumen Verpackungsmaterial und Ähnliches generieren. Diese Materialien sind vor allem nichttoxisch und fließen in mehr oder weniger wertvoller Form direkt als Rohmaterial in natürliche Prozesse zurück. Der amerikanische Ökopionier Joseph Smyth hat sich als Architekt viele Jahre lang mit einer ganz speziellen Baumart beschäftigt: dem von chinesischen Züchtern entwickelten Pauloniabaum. Paulonia wächst in einer ganz spezifischen Art sehr schnell und kerzengerade nach oben, um dann nach fünf Jahren eine schirmförmige Krone mit großen halbtransparenten Blättern zu bilden. Smyth entwickelte nach chinesischen Ideen Wiederaufforstungspläne für subtropische Gebiete, in denen aus Pauloniawäldern riesige natürliche Hallen entstehen, gekühlt und klimatisiert, in denen genau die richtigen Bedingungen herrschen, um zum Beispiel Getreide anzubauen.

Meine spontane Reaktion auf diese Bilder war: Wir müssen alle zu Förstern werden, wir können diese Chance auf Lebensraum nutzen. Das »Dorf«, in das wir überallhin auf dem Planeten zurückkehren können, wenn wir erkennen, dass unsere derzeitigen Produktionsschlachten vollkommen zerstörerisch und sinnlos geworden sind, dieses Dorf ist eingebettet in die »lebenden Maschinen« einer zweiten agrikulturellen Revolution, in Hydro- und Hortikulturen, in einen künstlichen Dschungel höchster biologischer Produktivität, in komplexe Permakulturen mit Mikroklimata, in denen wir mit und nach dem Paradigma der Pflanze leben werden. Es ist die wahre Fabrik, der wahre Produktionsort, und der Anteil der Hochtechnologie, die dafür in großstädtischen Zentren produziert werden muss, geht ständig zurück.

Der amerikanische Stadtplaner Paolo Soleri hat in den Fünfzigerjahren eine radikale Antithese zur Flächenstadt und zur immensen Verhüttelung der Landschaft durch Einfamilienhäuser formuliert und die Idee in die Welt gesetzt, Städte als integrierte bauliche Einheiten zu begreifen, analog den Siedlungen der Anasazi und Pueblo-Indianer sowie den Tierstädten der Inka. Soleri sprach klar aus, dass es ein Grundgesetz der biologischen Evolution gibt, das auch der Mensch eventuell zu beherzigen haben wird: Organismen entwickeln sich in Richtung höherer Komplexität, was sie dazu zwingt, permanent Wege der Miniaturisierung zu erfinden, um nicht an der schieren Größe der Systeme und dem Energieaufwand der Organe zugrunde zu gehen. Sie sind erst dann dauerhaft und nachhaltig, wenn sie energetisch auf einem Level mit ihrer Umwelt sind. Was für den einzelnen Organismus im Lauf der Evolution galt, gilt auch für die menschliche Siedlungsform als Ganzes.

Es gilt also, in den globalen Dörfern Komplexität und Miniaturisierung zu verwirklichen, freilich auf einer Stufe, die dem Denken der Fünfzigerjahre mit seinen für heutige Begriffe gigantomanischen Ausmaßen völlig fremd ist. Soleri wollte in der Wüste von Arizona prototypisch eine Stadt kleinster Bauart schaffen. Diese Stadt namens Arcosanti ist heute nur zu fünf Prozent fertig, die Baustelle steht wie ein toskanisches Dorf auf einer Mesa in der Wüste 50 Meilen südlich von Phoenix und ist ein eigentümlich angenehmer und einladender Ort. Vielleicht ist gerade diese Größe, in der gerade einige hundert Menschen leben können, heutzutage schon ausreichend, um jenen »urbanen Effekt« zu erzielen, der uns allen so wichtig ist, dass wir dafür von unserer Arbeit mit der Erde desertiert sind.

Was macht einen städtischen Raum eigentlich so attraktiv und einen dörflichen weniger? Der britisch-amerikanische Architekt Tony Gwilliam hat sich in seinem unpublizierten Essay »Synchroni-City« eingehend damit beschäftigt. Städtische Räume bieten intensive Oberflächen der Aktion, Geschäftszeilen, Arkaden, Märkte, in denen Leben pulsiert und menschliche Aktivität angeregt wird. Diese »Muster« wiederholen sich kulturübergreifend und werden immer neu geformt. Das traditionelle Dorf ist trotz seiner scheinbaren Nähe ein interaktionsarmer Raum, die Häuser abweisend, privat, uniform. Gwilliam entwirft eine völlig neue dörfliche Struktur mit Grünwegen, in denen sich Menschen an der Vorderseite ihres Lebens in halb öffentlich/halb privaten Zonen bewegen, deren primärer Sinn es ist, die Potenziale globalen Wissens und Könnens ins Lokale und in die menschliche Interaktion zu bringen, während an der Rückseite der Häuser die miniaturisierten Elektrofahrzeuge für die mannigfaltigen Transportaufgaben unter der Erde verschwunden sind.

Dies ist also offensichtlich die Aufgabe: ins Kleine, intensiv an die Natur Gebundene zurückzukehren, ohne dabei die Komplexität und das Wissen aufzugeben, das es uns ermöglicht, unser Dasein frei zu gestalten. Diese Bewegung ins Kleine ist insgesamt eine große: eine Kulturbewegung, eine technische Bewegung, eine soziale Innovation. Wir wollen die Kohäsion und die Anbindung an den gesellschaftlichen Organismus nicht aufgeben, sondern so gestalten, dass nicht nur ein Maximum an Umweltverträglichkeit, sondern ein Maximum an Freiheit und Lebensqualität erzielbar ist. Das Globale Dorf erfordert von wenigen Menschen, in ihrem lokalen Funktionskreis eine große Zahl an verschiedenen Aufgaben zu erfüllen – dies ist nur möglich, wenn hinter jedem Menschen im Dorf eine virtuelle Gemeinschaft steht, sei es die der Lehrer, die der Heiler oder die der Schuster.

So wird auch klar, wie der An-Schub für die Globalen Dörfer gegeben werden kann. Er besteht zuallererst in einer Bildungsrevolution, die uns umfassend befähigt, die Dinge wieder selber bzw. miteinander zu tun. Der erste Schritt ist ein primär geistiger: Begreifen, dass wir den Informationsreichtum der Welt für lokale Entwicklung aufbereiten müssen und neue Bildungsinstitutionen entstehen lassen, die mithilfe des Internet Menschen nicht nur bilden, sondern wieder miteinander in Verbindung bringen.

Hartmut Böhme

ÜBER DIE GEBURT DER KULTUR AUS DEM WASSER

1. Im Anfang war die Angst

Als Odysseus, von Sehnsucht nach der Heimat erfüllt, sich von der Nymphe Kalypso loswinden kann, ein besegeltes Floß baut, mit dem er ins Meer sticht, da ist der Meergott Poseidon erzürnt und entfesselt einen wütenden Sturm gegen Odysseus:

> *»[Poseidon] versammelte Wolken, und regte das Meer auf*
> *Mit erhobenem Dreizack; rief itzt allen Orkanen,*
> *Aller Enden zu toben, verhüllt' in dicke Gewölke*
> *Meer und Erde zugleich; und dem düstern*
> *Himmel entsank Nacht.«*
> (Odyssee V, 291–294)

Die Auseinandersetzung mit dem Meer in der »Odyssee« spiegelt den kulturellen Sprung des Landvolkes der Griechen auf die See, den Übergang von territorialen zu thalassalen Herrschaftsformen. Dazu gehört, die Wucht von Naturmächten zu erleiden, die menschliches Maß weit übertreffen. Es sind bedeutende Kulturleistungen, durch die sich die Griechen mit den Mächten der Natur ins Einvernehmen setzen: symbolisch wie praktisch, in den Formen der Religion, des Mythos, der Wissenschaft sowie der Technik, Seefahrt und Navigation.

Die Odyssee-Stelle reflektiert jenes mythische Bewusstsein, das die Natur als Schauplatz von Göttern fantasiert – im Guten wie im Bösen. Wetter- und Windgottheiten sind nicht nur in Griechenland, sondern in vielen Kulturen verbreitet. Auch der biblische Jahwe ist seiner Herkunft nach ein Wettergott. Gott *ist* die Erscheinung des Wetters. In der Antike tragen alle wesentlichen Naturerscheinungen die Namen von Gottheiten. Es überrascht nicht, dass der Beginn der griechischen Wissenschaft – neben der Astronomie, Geometrie und Mathematik – besonders von Fragen der Erdbeben und Vulkane, des Gewitters, der Stürme, der Fluten fasziniert war. In der Odyssee-Stelle zeigt sich, dass im Grenzfall mit Gottheiten nichts zu verhandeln ist, sondern dass ihre Wut in ein mörderisches Wetter umschlägt, wo die Wolkenschwärze jede Differenz auslöscht und das ursprünglich Ungeschiedene (das Chaos) wie ein nahes Weltende droht. Dies gilt auch für die biblische Sintflut-Geschichte. Beinahe alle Apokalypsen sind Wetterkatastrophen: als Wasser- oder Feuersturm.

Die Elemente als Medien von Katastrophen bieten die Szenarien der »großen Ängste«. Kataklysmos und Ekpyrosis sind feste Vorstellungsfiguren unserer Kultur. Seit der mesopotamischen Hochkultur haben sich die Ängste vor der Natur gerade im Bann der Elemente entwickelt. Im Gegenzug wird die Technik ihre Macht genau in den Medien der Elemente entfalten: von der Zähmung des Feuers bis zu den Energietechniken, von den mythischen Flugfantasien bis zur Weltraumreise, von der Erfindung des Schiffes bis zur Territorialisierung des Meeres, von der mythischen Gaia bis zur Erde, die in den Besitz des Menschen genommen ist. In Feuer, Wasser, Erde und Luft wird die Macht der Natur am intensivsten erfahren, und darum sind sie die großen Schulen der Angst. In Feuer, Wasser, Erde und Luft wird aber auch die Machtentfaltung der Menschen durch Technik am nachhaltigsten etabliert. Darum ist Technik auch eine Unternehmung

zur Vertreibung der Angst vor der Natur. Sie ist darin Erbin der Religionen.
Die Religionen legen ein beredtes Zeugnis davon ab, dass das menschliche Leben als von Untergängen bedroht angesehen wurde. Weit ist es von hier bis zu der platonischen Idee, dass die Natur den göttlichen Nous darstelle, eine lebensdienliche Ordnung. Auch die gerechte Ordnung der ägyptischen Ma'at ist eine auf Verfriedlichung zielende Konstruktion, die die Bindekräfte von Staat und Gesellschaft schon voraussetzt. Die auf Ausgleich der Gewalten zielenden Weltbilder sind vor allem aus ihrer Funktion zu erklären: die Stillstellung der elementaren Ängste. Nicht nur der Tod ist dabei zentral, sondern die Gewalten der Elemente.

2. Wasser-Katastrophen und kulturelle Selbstbehauptung

Vor einiger Zeit wurde der Oder-Flut 1997 gedacht, der die Elb-Überschwemmungen 2002 folgten. Die Bilder der Tsunami-Katastrophe 2004 haben sich eingebrannt. 2007 sind es die Überschwemmungskatastrophen in Bangladesch und Südindien. Wir erfahren, dass Worte und Bilder an die Wucht des Schreckens und das Leiden der Betroffenen nicht heranreichen. Angesichts des Entsetzlichen bleiben wir stumm. Die Gefühle, die durch das Gesicht eines verstörten Kindes oder eine Gruppe indischer Frauen bei einem Totenritual ausgelöst wurden, sind das Beste, was wir aufbringen konnten. Es sind Gefühle aus weiter Ferne, und doch, schien es, war man niemals den Menschen näher als jetzt. Man mag das infrage stellen, als Medieneffekt, als Voyeurismus, als ein Mitleid, das nur die andere Seite unseres Zynismus den armen Ländern gegenüber ist, welche die vermeintlichen Paradiese unserer touristischen Träume sind. Aber es gab angesichts des Leids anderer, deren Zuschauer wir sind, zunächst nichts anderes als unsere Gefühle: Wie in mythischen Zeiten können auch heute ganze Bevölkerungen der Zerstörung des Wassers ausgesetzt sein.

Wir erinnern uns der zivilen Hilfsbereitschaft 2004, die global einsetzte. Sie war, angesichts einer durch ökonomische Eigeninteressen beherrschten Globalisierung, ein neues Zeichen: Es gibt sehr viele Menschen, die nicht nur global denken, sondern auch empfinden. Fernempfindungen, Anteilnahme über Kontinente, kulturelle und religiöse Grenzen hinweg, ein Vorstellungsvermögen, das nicht mehr an die Raumordnungen von Nachbarschaften, Ethnien oder Nationen gebunden ist: Dies sind Momente dessen, was man das kulturelle Kapital der Globalisierung nennen darf. Es stellt nicht selbst schon eine universale Ethik dar, wohl aber deren emotionales Fundament. Denn jede Ethik ist mehr als ein Codex legitimer Normen; sie bedarf stets der *moral senses*, der Gefühle für das moralisch Angemessene. In einer Weltkultur brauchen wir mehr als die formale Achtung der kulturellen Andersheit der anderen. Nötig ist die Fähigkeit, sich vom Fernsten berühren zu lassen und die Angst um das nackte Leben empfinden zu können. Zivile Hilfsbereitschaft ist die praktische Folge dieser Elementarempfindung des Ethischen, die dann organisierte und politische Form annehmen kann.

Daraus erwachsen Sekundärpflichten. Hilfsbereitschaft muss nachhaltig werden. Das ist eine Aufgabe der Politik und der Medien, aber ebenso der Erzieher und Eltern, der Kirchen und Organisationen. Es handelt sich aber auch um eine selbstreflexive Wende der Katastrophe, die nicht unsere, sondern die »der anderen« ist. Die Flut traf arme Länder, ähnlich dem Erdbeben im Iran, den Hungerkatastrophen oder AIDS in Afrika. *Wir* aber müssen uns fragen: Ist die Globalisierung mitursächlich für das Maß der Verheerungen, die durch Naturgewalten ausgelöst werden, ursächlich auch für die sozialen, humanitären und ökonomischen Desaster, von denen wir jeden Tag hören? Wie immer die Antworten differieren mögen, im Kern geht es um die Frage, welches die Kultur ist, die aus den Katastrophen hervorgeht. Dies war schon die Frage in der biblischen Sintflut-Geschichte. An der Todesflut wird archetypisch demonstriert, dass das Überleben der Gattung Mensch durch die Gewalten der Natur zutiefst gefährdet bleibt. Unter diesen Bedingungen wurden Noah, wie sein griechischer Bruder Deukalion, zu Kulturstiftern par excellence.

Die zweite Ebene einer selbstreflexiven Wende ist: Flut-Desaster wie in Südostasien nennen wir eine Naturkatastrophe. Die Natur indes kennt keine Katastrophen. Erdbeben, Vulkanausbrüche, Sintfluten: es sind zwar statistisch seltene Phänomene, immer aber solche der Ordnung der Natur. Diese Natur aber enthält keinen Sinn, sie ist kein Paradies, kein Heilsversprechen. Wie man früher sagte, dass es derselbe Gott ist, der gibt und der nimmt, so ist es dieselbe Natur, die das Leben hervorbringt und auslöscht. Diese radikale Kontingenz gehört zur *condition humaine* der Moderne. Nichts tröstet, nichts straft. In einer Natur, die nicht mehr als Gottesschöpfung zu uns spricht, leben zu müssen, heißt, dass wir allein sind. Wir haben Mitmenschen, aber keine Mit-Natur. Kultur ist zuletzt nichts anderes, als zwischen unserem empfindlichen Überleben und einer gewaltigen Natur Grenzen zu ziehen und Abwehrmechanismen zu etablieren. Aber auch: Allianzen zu bilden, wie wir dies zum Zwecke des Nahrungserwerbs seit jeher tun: *Wir* arbeiten, damit *es* wächst und gedeiht. Katastrophen sind nun solche Ereignisse, in denen die Natur ihre kulturabgewandte Seite hervorkehrt. Dann brechen alle Sicherungskordons zusammen und der Tod hält seine Ernte. Katastrophen sind kollektive Ereignisse radikalen Distanzverlusts, worin sich keine Botschaft mitteilt. Darum war es so eindrucksvoll, als ein Fischer aus Sri Lanka, der Familie, Haus und Boot verloren hatte, sagte: Er könne auf das Meer nicht zornig sein. Das Meer handelt nicht, es geschieht. Dieser Fischer hat vom Dasein in der Natur mehr begriffen als der König Darius, der das Meer auspeitschen ließ.

Kultur ist in Natur nicht »vorgesehen«. Das macht den empfindlichen Status der Kultur in der Welt aus. Kultur erhalten zu wollen heißt darum, alle Klugheit darauf zu verwenden, unser Auskommen mit und gegen die Natur zu finden. Wir leben aber, als hätten wir eine zweite Welt in Reserve. Konsequenzen aus Flutkatastrophen zu ziehen, muss darum heißen, die Kulturen besser auf die natürlichen Bedingungen einzustellen und weitsichtigere Techniken der kulturellen Reproduktion zu entwickeln.

Flutkatastrophen sind paradigmatische Ereignisse dafür, dass wir sprachlos und bilderlos werden können – inmitten einer Flut von Bildern und Kommentaren. Es ist, als stürzten wir auf den sprach- und bildlosen Urgrund unserer Kultur zurück, auf das Prästrukturelle. Der Ausdruck, den die griechische und die biblische Überlieferung dafür gefunden haben, ist: das Chaos und das Tohuwabohu. Jüdische Bibel wie griechische Philosophie haben dieses vorkulturelle Chaos mit dem Wasser verbunden. Ein so gewaltiges Ereignis wie die Sintflut oder der Tsunami 2004 markiert das Undarstellbare, das Unsägliche, das Bildlose schlechthin. Was jenseits von Sprache und Bild steht, ist das Transhumane. Mit diesem Außermenschlichen sind wir immer wieder konfrontiert. Dies berührt einen letzten Punkt des Existierens in der Welt: auch wir Heutigen, geschützt durch die Errungenschaften der technischen Kultur, bleiben konfrontiert mit Dimensionen des Lebens, die sprach- und bilderlos sind und machen.

Das Wasser ist ungeheuer. Darum nannte Thales das Wasser den »Urgrund«, aus dem alles wird und vergeht. Der Welt-Wasserkreislauf, das System der Meeresströmungen, des Wasseraustausches zwischen den Ozeanen und dem Land durch Flüsse und Wolken sowie die Rückkehr alles Fließenden zum Mutter-Meer: Dies ist eine Energiemaschine, gegen die alles Menschenwerk schwindet. Auf der Sonneneinstrahlung, dem Wasserkreislauf, dem Regime der Winde beruht das Klima, von dem unser Leben abhängt.

Es gehört zu den großen kulturellen Leistungen, dass die Menschen das Wasser vielfältig zu nutzen lernten. An Flüssen entstanden die ersten Hochkulturen. Keine Stadtgründung ohne primäre Wasserversorgung. Keine Agrikultur ohne Regale des Wasserhaushaltes, sei es durch Bewässerung von Trockengebieten, sei es durch kluges Wasserabzugs-Management in hydriden Regionen. Unschätzbar sind Flüsse und Meere für die Entstehung von Fernhandel und Kulturaustausch oder für die Bildung von Imperien. Erst der Mensch, der sich vom Land zu lösen vermag, betritt recht eigentlich den Globus. Wir selbst, die wir überwiegend aus Wasser bestehen, könnten sagen, wir seien nichts als intelligentes Wasser. Wasser ist also eine elementare Gabe.
In Katastrophen aber wird das Wasser zum Feind, gegen den wir zuerst unser Leben und sodann Hab und Gut verteidigen. Dies ist eine kulturelle Universalie. Kultur dient primär der Bildung eines Binnenraumes, der vor Katastrophen schützen soll und damit humane Evolution erlaubt. Wo immer wir der Natur ausgesetzt sind, bleiben wir an ein rudimentäres Niveau kultureller Reproduktion gefesselt. Kultur ist zuerst ein materielles Sicherungssystem. Es erzeugt stabile Ordnungen und Sozialbeziehungen und damit Zukunftsvertrauen. All dies wird bei Katastrophen zerschlagen. Darum ist es so wichtig, wenn in der Katastrophe besonnenes Krisenmanagement und helfende Solidarität die sozialen Bindekräfte nicht kollabieren lassen. Denn leicht schlagen Katastrophen in Barbarismus um. Insofern sind Katastrophen immer Bewährungsproben für die politische Führung sowie für Ordnung und Bindekraft einer Gesellschaft.
Seit alters her wurde im mitteleuropäischen Flusssystem vieles unternommen, um dem periodischen Ansturm der Fluten zu trotzen oder der Unwirtlichkeit des Elements Räume des Anbaus und Wege des Verkehrs abzugewinnen. Seit Jahrhunderten sollen Dämme, Deiche und Wehre vor den meist frühjährlichen Hochwassern schützen. Die mäan-

dernden Verläufe wurden begradigt, Auen und Brüche in Ackerland verwandelt. Die Flüsse wurden als Handels- und Transportwege ausgebaut, zur geregelten Bewässerung genutzt, zwecks Energiegewinnung oder Trinkwasserversorgung in Talsperren eingefangen, als Territorialgrenzen gesetzt bzw. umgekehrt zum Zweck des Verkehrs von Brücken überspannt. So haben sich vor allem die großen Städte in unmittelbarer Nachbarschaft zu den Flüssen bilden können. Bis heute hängt die gesellschaftliche Entwicklung von einem klugen Wasser-Regime ab.

Doch wird dadurch die Ambivalenz des Wassers nicht aufgehoben. Wir wissen, dass Stark- oder Dauerregen oder Schneeschmelze und Eisgang immer wieder zu Hochwassern führten, mit katastrophalen Folgen für Menschen, Vieh, Äcker, Brücken, Häuser, Sachwerte. Aus der Epoche der kleinen Eiszeit (1550–1850) sind viele Berichte über verheerende Überschwemmungen bekannt. Wir kennen für das letzte Jahrtausend die periodischen Häufungen und aperiodischen Spitzenwerte des Hochwassers im europäischen Flusssystem. Auch wenn wir die Flutkatastrophe von 2002 ein »Jahrhundertereignis« nennen, so ist dieses nicht singulär. Klimahistoriker sprechen hinsichtlich des Hochwassers von 1342 von einem hydrologischen Supergau. 1595 überrollte eine frühjährliche Hochwasser-Sequenz den Nürnberger Raum. Das Michaelis-Hochwasser von 1732 zerstörte weite Teile Frankens. 1784 folgte die größte Flutwellen-Katastrophe Mitteleuropas in jüngerer Geschichte.

Wir wissen zu viel und können zu wenig. Wir wissen oft bis ins Detail, wie es zu einer Wetter-Singularität wie im August 2002 hat kommen können. Darin spricht kein Gott, sondern die Kontingenz von Natur, die sich in Grenzlagen, wo Natur und Kultur kollidieren, ins Unberechenbare auflöst. Dann erinnern wir uns einer anderen »Botschaft«: dass nämlich alle Kultur von Natur abhängig bleibt. Die Versicherungsanstalt »Kultur« ist selbst kontingent und hinfällig. Davor gibt es nur relativen Schutz. Heute kommt ein Weiteres hinzu. Die anthropogenen Eingriffe ins Klima und in die Landschaftsmorphologie werden selbst zu Faktoren von Katastrophen. Der menschen-gemachte Wärmeanstieg verringert zwar die Hochwasser durch Schneeschmelze und Eisgang; doch zugleich fördert er die Frequenz und Intensität extremer Wetterlagen mit Starkregen- und Orkan-Ereignissen. Hochwasserschutz und Flussverbauungen, die Vernichtung der Auen, die Vervielfachung der Fließgeschwindigkeit und die Erhöhung von Hochwasser-Pegeln durch »Einsperrung« der Flüsse in schifffahrtstaugliche Rinnen – all dies zeigt, dass kulturelle Selbstbehauptung immer auch die Gefahren vergrößert, vor denen sie schützen soll. Dieser Dialektik ist nicht zu entkommen. Zu ihr gehört, dass es einen fatalen Zusammenhang zwischen der zivilisatorischen Dichte und der Intensität von Katastrophen gibt. Je kompakter die Besetzung natürlicher Räume durch Einrichtungen der Zivilisation, umso schwerwiegender die Auswirkungen katastrophaler Singularitäten, wenn diese die Grenzen der Kultur erschüttern oder niederreißen. Wir haben es mit einem neuen *»katastrophalen Paradox«* zu tun: Die »Angriffe« auf die *Grenzen* des humanisierten Raums haben ihren Ursprung immer mehr im *Zentrum* der Kultur selbst. Dies skandalisiert unser Sicherheitsbedürfnis, unsere Sensationsgier und unsere Angst und erinnert an die Verletzlichkeit unserer Gesellschaft, die Menschen, Sachwerte und hochrangige Symbolbauten immer dichter zusammenpackt.

3. Die Notwendigkeit kultureller Hydrologie

Wir wissen viel über das Wasser. Hydrologie kann als Grundwissenschaft gelten. Es kommt indes auch in vielen Teildisziplinen vor: Hydrotechnik, Hydroenergetik, Hydrogeologie, Hydrobiologie, Hydrografie, Hydrometeorologie, Hydrometallurgie usw. Gegenwärtig spielt in vielen Weltregionen die Sicherung des Trinkwassers eine überragende Rolle. Aufgrund der Nahrungsmittelknappheit wird *seafarming* immer wichtiger. Die Verschmutzung der Meere, Seen und Flüsse, die Gefährdung der Wälder durch sauren Regen, die Versteppung ganzer Landstriche – überall zeigt sich das Wasser als ein Medium, das sensibel auf die destruktiven Momente der technischen Zivilisation reagiert.

Denn das Wasser berührt nicht nur ökologische, sondern auch soziale und kulturelle Sphären. Die globale verkehrstechnische Erschließung des Wassers ebenso wie seine globale Militarisierung und Verrechtlichung, schließlich die Einschaltung des gesamten technosozialen Kreislaufs in den Kreislauf des Wassers haben eine sekundäre Elementarität geschaffen: Das Wasser ist einer der Schauplätze, an denen die Folgen der technischen Umarbeitung der Erde zur Aufführung kommen. Weil das Wasser keine Grenzen kennt; weil es sich nicht nur in einem komplexen Weltkreislauf bewegt, sondern auch die Körper aller Menschen sowie die Körper der Gesellschaften durchströmt, und weil dieser anthropogene Kreislauf in den natürlichen Kreislauf des Wassers eingeschlossen ist und ihn zugleich verändert, ist es im unmittelbaren Interesse der Kulturen, zu einer weltweiten Ordnung des Wassers zu kommen. Sie muss mehr als politische Ökologie sein.

Zu erinnern ist z. B. an das Konzept einer *Kulturphysiognomik des Wassers*. Der Grundgedanke ist einfach: Natürliche Umwelten bestimmen den Kulturprozess mit. Hinsichtlich des Wassers heißt dies: Trinkwasservorkommen, Lage zu Flüssen oder Meeren, Regenmenge, Hydrometeorologie haben für die Entwicklung von Städten, Stadtstaaten und sogar von Großmächten eine wichtige Rolle gespielt. Dabei werden auch die wasserbezogenen Techniken entscheidend. Wasserversorgung und Bewässerungstechnik sind für die Ernährung größerer Bevölkerungen Voraussetzung; günstige

Situierung an schiffbarem Wasser disponiert zu Schiffsbautechnik und ermöglicht die Entwicklung von Handels- und Militärmacht usw. Diese Gegebenheiten werden heute als geopolitische oder geostrategische Faktoren berücksichtigt. Dies zielt auf die effektive Umsetzung von Lagevorteilen in der ökonomischen und militärischen Konkurrenz von Staaten. Doch mit »Kulturphysiognomik« war mehr gemeint.

Nicht zufällig war es ein Geograf, der diesen Gedanken zuerst systematisierte. Ernst Kapp hat 1845 versucht, auf der Grundlage des Wassers eine Typologie der Weltgeschichte als Abfolge dreier Kulturformen zu begründen: Er beginnt mit der potamischen, der Fluss-Kultur, wofür vor allem die Euphrat/Tigris-Region und die Nilkultur Ägyptens stehen; danach wird die thalassale Kultur bestimmend, die sich binnenmeerisch, so vor allem im Mittelmeerbecken, bildet, bis schließlich die ozeanische Kulturstufe erreicht wird, deren Typ am reinsten durch die englische Seemacht seit dem 17. Jahrhundert gebildet wird. Darauf aufbauend hat der Staatsrechtler Carl Schmitt in seinem Buch »Land und Meer« das kulturphysiognomische Konzept erneuert. Schmitt knüpft seine Überlegungen an eine Bemerkung Hegels: »Wie für das Prinzip des Familienlebens die Erde, fester *Grund* und *Boden,* Bedingung ist, so ist für die Industrie das nach außen sie belebende Element das Meer.« Dies reflektiert die unumkehrbare Entwicklung einer Geschichte, die spätestens mit Kolumbus in den maritimen Horizont eingetreten ist.

Schmitt erkennt in den Übergängen von der potamischen zur thalassalen und zur ozeanischen Kultur grundlegende Revolutionen der Raumordnung. Durch sie verteilten sich die Gewichte der Macht neu danach, welche Gesellschaft die neuen Raumdimensionen am effektivsten realisierte. Schmitt unterscheidet terrestrische von marinen Kulturen und behauptet, dass die historische Dynamik von solchen Gesellschaften bestimmt wurde, die eine Wasser- und Seekultur entwickelt hätten. Die Wichtigkeit der Raumrevoluti-

onen besteht darin, dass die kulturellen Raumvorstellungen zugleich das Verhältnis von Statik und Dynamik, Tradition und Innovation, Vergangenheit und Zukunft bestimmen und damit in die Wert- und Normenkomplexe von Gesellschaften eingreifen. Die epochalen Verschiebungen, die die Neuzeit einleiten, mögen das verdeutlichen: Nach Kolumbus verschiebt die Raumrevolution die politischen, ökonomischen und kulturellen Gewichte zu jenen Staaten, die sich der ozeanischen Herausforderung gewachsen zeigen. Dabei geraten nicht nur traditionelle Landmächte in die zweite Linie, sondern auch thalassale Mächte wie z. B. Venedig, der Wasserstaat par excellence.
Daraus ist eine ökologische und naturethische Kritik zu entwickeln, die es erlaubt, die Kolonisierung der Meere als barbarischen Krieg der Menschen gegen die Natur zu entziffern. Sie findet ihre Grenze an den großen ökologischen Kreisläufen des Wassers, von denen die Stabilität der Erde wie der Gesellschaften abhängt. Es zeigt sich, dass die vormodernen Mythen des Meeres zu nachmodernen Perspektiven führen. Das reicht von der Forderung internationaler Tierschutzabkommen bei Seefischerei und Walfang bis zur Warnung vor den katastrophalen Folgen einer Zerstörung natürlicher Nahrungsketten. Das reicht vom Panorama eines Meeres, das des Menschen unbedürftig ist, bis zur Vision einer ökologisch schonenden Ernährungssicherung der Menschheit aus dem Meer; das reicht von der Kritik des männlichen Heroismus, der sich als Eroberungslust auf dem Meer austobt, bis zum Gemälde von Seebädern, in denen das Meer seine Heilkraft wohltätig entfalten kann.
Die Kulturgeschichte des Wassers insgesamt zeigt, dass die Einbildungskraft eher in der Lage ist, eine Nähe zur Natur zu halten, als das technische Wissen im Dienst der Naturbeherrschung. Vielleicht können wir heute, wo wir das Wagnis der Fantasie und nicht nur technische Vorsorgesysteme benötigen, um Wasser- und Klimakatastrophen zu bewältigen, und

wo wir den Gesellschaftsvertrag durch einen Naturvertrag ergänzen müssen, von den reichen religiösen und kulturellen Überlieferungen lernen – im wohlverstandenen Eigeninteresse der menschlichen Gattung.

Norbert Bolz

JENSEITS DER NACHHALTIGKEIT. VON DER SORGE ZUM DESIGN

Heute gilt die Sorge des Menschen nicht mehr dem System (»Kapitalismus«), sondern seiner Umwelt (»Natur«). Für einen Systemtheoretiker ist das nicht überraschend, denn der Mensch ist heute selbst Umwelt der Gesellschaft. Politisch entspricht dem eine Farbverschiebung von Rot zu Grün. Alle Parteien geben sich heute umweltbewusst und ihr Mantra lautet »Nachhaltigkeit«. Der Begriff, der eigentlich aus der Forstwirtschaft stammt, hat theologische Obertöne und signalisiert: Wir wollen die Schöpfung bewahren. Doch vielleicht ist es schon zu spät, um zu »retten«, und es bleibt nur noch die Option, zu »gestalten«. Jenseits der Nachhaltigkeit meint genau dies: den Schritt von der Sorge um die Umwelt zum Design der Umwelt zu wagen.

I.

Die Erde ist nicht der Mittelpunkt der Welt und der Mensch steht nicht im Mittelpunkt der Gesellschaft. Aber auch sozial sind wir immer noch Ptolemäer. Deshalb zeigt sich uns das spezifisch Moderne als Un-Welt: die Ungewissheit, das Unerwartete, das Unheimliche, das Unberechenbare, der Unsinn, die Unwahrscheinlichkeit. Diese Begriffe, die die Beschreibungen unserer Gegenwart dominieren, signalisieren den Verlust der »klassisch modernen« Gewissheiten – und sie provozieren, da sich die moderne Gesellschaft ja fraglos am Leben hält, die Frage nach den neuen Stabilitätsbedingungen.

Wer modern lebt, muss auf Unverzichtbarkeit verzichten. Und jeder macht die spezifische Modernitätserfahrung: Alles ändert sich in meiner Lebenszeit. Peter L. Berger hat deshalb von einer Ökumene der Unsicheren gesprochen. Diese Formel komprimiert sehr schön den Doppelsinn der Einsicht, dass es keinen Ersatz für die Weisung der Religion gibt: Religion kann dem Leben keine Weisung mehr geben, aber wir können darauf auch nicht verzichten. Deshalb fragt die heutige Religiosität nicht mehr »Was darf ich hoffen?«, sondern »Was muss ich fürchten?«.

Je moderner eine Gesellschaft ist, desto chaotischer verläuft ihr Wandel. Ihre Dynamik ist nichtlinear, und Modebegriffe wie »Schmetterlingseffekt« (butterfly effect) wollen deutlich machen, dass minimale Unterschiede in den Ausgangsbedingungen eines Systems sich zu gewaltigen Differenzen aufschaukeln können (Abweichungsverstärkung).

Doch nicht nur die Multiplikation der Effekte schafft Unübersichtlichkeit. Hinzu kommt, dass auch die Theorie sozialer Systeme die Bedeutung des Zufalls für die Evolution anerkennen musste. Ordnungen entstehen in Prozessen der Selbstorganisation aus dem Rauschen. Das macht die gesellschaftliche Entwicklung unvorhersehbar und eine Koordination ihrer Perspektiven unmöglich. Die einzig noch mögliche Tugend in dieser Welt scheint deshalb die Komplexitätsempfindlichkeit zu sein.

Man muss daher der neuen Weltethik der Nachhaltigkeit eine schlechte Prognose stellen. Modernität ist eher das Gegenteil von Nachhaltigkeit. Die Koevolution von Teilen der Gesellschaft schafft ganz neue Formen. Und alle Subsysteme üben Selektionsdruck aufeinander aus: Werte – Wissen – Organisation – Technik – Umwelt. Deshalb scheint es viel realistischer zu sein, mit Richard Norgaard davon zu sprechen, dass sich Gesellschaft und Umwelt in einer »coevolution of unsustainability« entwickeln. Es gibt keine planerische Integration der Umwelt; sie variiert anders als die sozialen Systeme. Und daraus folgt: Man kann die Umwelt nicht verstehen, aber man muss sich in ihr behaupten.

Doch wenn die Strategie der Nachhaltigkeit fehlschlägt – was dann? Friedrich von Hayek hat schon vor Jahrzehnten die wichtigsten Tugenden des modernen Wirtschaftssubjekts als Anpassungen an das Unvorhersehbare charakterisiert. Dazu braucht man Spannkraft, Elastizität, Flexibilität. Die Fähigkeit zur Anpassung an das Unvorhersehbare setzt Geistesgegenwart und Resistenzerlernungsfähigkeit voraus. Es geht dabei um die Leistungen der Schockabsorption und des Überraschungsmanagements. Um flexibel reagieren zu können, braucht man Redundanz und lockere Verknüpfungen. Und umgekehrt sind gerade diejenigen unfähig, mit dem Unerwarteten umzugehen, die besonders gut in ihre Rolle passen – Seligman und Garber haben diese Unbeweglichkeit durch Überanpassung sehr schön als *learned helplessness* bezeichnet.

Seit Popper kann man wissen, dass man künftiges Wissen prinzipiell nicht prognostizieren kann. Je wissenschaftlicher eine Zivilisation, desto unvorhersehbarer ist sie also. Weil wir immer mehr wissen, wissen wir immer weniger von der Zukunft. Das Paradoxon lautet also: Je mehr wir in Zukunft wissen werden, desto weniger werden wir wissen – von der Zukunft. Noch nie wusste man so wenig von der Zukunft wie heute.

Um das zu verstehen, muss man sich klarmachen, dass unsere Kultur mehr als jede andere zuvor auf Wissen basiert ist. Nun verhält es sich aber so, dass wir nichts von künftigem Wissen wissen können – sonst wüssten wir es ja schon heute. Und daraus folgt eben: Je mehr Zivilisation auf Wissen basiert, desto unvorhersehbarer wird sie. Mit anderen Worten, je mehr das Wissen die Zukunft prägt, desto weniger kann man von der Zukunft wissen.

Die Antizipation der Folgelasten und das Bewusstsein der wachsenden Eingriffstiefe unserer Handlungen verwandelt alles Zukünftige in Gelegenheiten zur Sorge. Künftig mögliche Schäden, über die man sich besorgt, sind aber heute schon schädlich – nämlich als Sorgeschäden. Und jede Gegensteuerung zielt heute schon auf eine ferne Zukunft: Halbwertzeiten, Ressourcenerschöpfung, Ozonloch. Wir wissen nicht, was kommt, müssen aber heute schon mit zukünftigen Folgelasten kalkulieren.
Die Umweltfolgelasten individuellen Handelns entfernen sich immer weiter von diesem Handeln selbst. Zwar gab es schon immer unbeabsichtigte und unerwartete Folgen menschlichen Handelns, aber erst heute haben wir die Technologien, die eine präzise Spurensicherung der Effekte unseres Verhaltens ermöglichen. Nun kann man die Tanker aufspüren, die ihre Tanks auf hoher See gereinigt haben. Nun vergeht kein schöner Sommertag mehr ohne bedrohliche Ozonwerte.
Es gibt immer mehr Risiken, weil es immer mehr Möglichkeiten der Gefahrenvermeidung gibt. Das Risiko ist die Gestalt der Zukunft in der Gegenwart. Und das vertretbare – durch wen? – Risiko präsentiert die Zukunft als gegenwärtige Zukunft. Zum Verdruss der »Risikoaversen« gibt es heute aber keine Alternative mehr zwischen riskantem und sicherem Verhalten. Wer »auf Nummer sicher« geht, riskiert den Verlust einer Chance. Also muss jeder nolens volens Risiken kalkulieren.

II.

Wenn wir vor diesem Hintergrund nach einer Umweltpolitik jenseits der Nachhaltigkeit fragen, müssen wir die Perspektive wechseln – weg von der Sorge und hin zum Design. Das ist möglich, weil wir heute geistig an einem Schnittpunkt stehen, in dem sich zwei Entwicklungslinien treffen, nämlich der Paradigmenwechsel des Designs und die Konvergenz der Technologien. Das ist natürlich erläuterungsbedürftig.

Dass wir heute die Grundbausteine unserer Welt – Bits, Atome, Neuronen und Gene – als Einheit begreifen können, ist untrennbar mit der Erforschung der magischen Dimension verbunden: zehn hoch minus neun Meter. Ein Nanometer ist eine Milliarde mal kleiner als ein Meter – auf diese Größe hatte Albert Einstein 1905 die Größe eines Zuckermoleküls geschätzt. Nano bezeichnet den Größenraum zwischen einem und ca. 400 Atomen, also den Bereich, in dem die Newtonsche Physik durch das Quantenverhalten außer Kraft gesetzt wird. Auf dieser Nanoebene schwindet der Unterschied zwischen natürlich und künstlich, denn die Nanotechnologie verwischt die Grenzen zwischen natürlichen und künstlichen molekularen Systemen. Nanotechnologie bedeutet, dass wir Kausalketten zwischen verschiedenen Größenordnungen konstruieren können.

Schon Kinder sind von den kleinsten Einheiten fasziniert, aus denen man alles aufbauen kann: Bausteine. Dieser kindliche Impuls verlängert sich in die wissenschaftliche Suche nach der ultimativen Kleinheit: von Demokrits Atomspekulationen über die Erfindung des Mikroskops bis hin zur Nanotechnologie. Dem entspricht das Weltbild eines universalen Designs; es sieht die Welt als Hierarchie komplexer Systeme, die ihre Basis auf der Nanoebene haben.

Die alten Unterscheidungen, die die Welt geordnet haben, brechen zusammen – sogar die zwischen Pflanzen, Tieren und Menschen. Die DNA wird zum neuen Ordnungsmaßstab, der uns von Mäusen und Menschen mehr Ähnlichkeiten als Unterschiede berichtet. Das Design auf der Nanoebene operiert jenseits unserer natürlichen Größenverhältnisse, also in einer Welt, die unendlich viel kleiner ist als alles, was wir sehen oder fühlen können.

Die Wissenschaften haben die Grundbausteine unserer Welt entdeckt, nämlich Atome in der physikalischen Welt, Bits in der Welt der Information und Gene in der Welt des Lebendigen. Und heute machen wir auf allen drei Ebenen den Schritt von der wissenschaftlichen Analyse zur technischen Synthese. Der Schwerpunkt verlagert sich also von der Grundlagenforschung zur Ingenieurskunst, vom Verstehen zum Gestalten.

Reine Wissenschaft und die Welt der Professionals unterscheiden sich dadurch, dass Letztere nicht nur analysieren, sondern die analysierte Situation auch mit geeigneten Strategien verändern wollen. Diese synthetischen Prozesse sind allerdings nur schwer zu systematisieren und haben sehr viel mit Urteilskraft und Intuition zu tun. Das hat die akademische Welt dazu verleitet, die Naturwissenschaften als »harte«, exakte Wissenschaften von den »weichen« Sozialwissenschaften zu unterscheiden.

Wir schlagen hier eine ganz andere Unterscheidung vor, nämlich die zwischen den Wissenschaften, die ihre Präzision der Beschränkung auf saubere, einfache Laborphänomene verdanken, und jenen inexakten Wissenschaften bzw. Technologien, die sich mit komplexen Problemen der realen Welt beschäftigen. Wo bleibt die Exaktheit der Naturwissenschaften, wenn es um die Staus auf der Autobahn oder das Wetter von morgen geht?

Design gestaltet heute also nicht mehr Kaffeekannen und Tankzapfsäulen, sondern operiert auf einem molekularen Spielplatz und nutzt die Konvergenz der Technologien, um die Dimensionen Materie, Funktion und Prozess zu kombinieren. Die Erforschung der Materie zielt auf neue Materi-

alien und die Leistungen der Organismen. Die Frage nach der Funktion betrifft das Verhalten von Molekülen. Und Prozess steht für Design und Fabrikation.
Schon in der Schule lernen wir die fundamentalen Bausteine des Lebens kennen: Proteine, Kohlenhydrate, Nukleinsäuren usw. Man könnte die Nukleinsäuren als den Code und die Proteine als die Substanz des Lebens begreifen. Auf der Nanoebene verknüpfen sich Atome und einfache Moleküle zu komplexen Strukturen wie der DNA – oder der nächsten Generation mikroelektronischer Komponenten. Die Bausteine der Evolution sind also bei Licht betrachtet nicht Elemente, sondern Muster.
Forschung und Entwicklung haben es heute erstmals mit einer materialen Einheit auf der Nanoebene zu tun, auf der fast alle modernen Technologien integriert werden können. Das fasziniert die Wissenschaftler genauso wie die Ingenieure und Designer – »Nano« ist die stärkste Marke auf dem Forschungs- und Entwicklungsmarkt. Es ist deshalb nicht verwegen, ein Goldenes Zeitalter, eine neue Renaissance zu erwarten, die uns eine hierarchische Integration der Wissenschaften und eine Vereinheitlichung des Wissens bringen wird. Das neue Weltbild zeigt uns eine auf der Nanoebene verwurzelte Hierarchie komplexer Systeme. Noch ist es schwer, hier zwischen Science und Fiction, zwischen Hype und Hope zu unterscheiden.
Schon die Technikgeschichte des Industriezeitalters hat ja gezeigt, dass die Knappheit natürlicher Ressourcen mit der Entwicklung der Technologien variiert. So zählt z. B. nicht die absolute Menge des Erdöls, sondern nur die mit den jeweiligen Technologien förderbare Menge. Insofern ändert jeder technische Fortschritt unseren Begriff von der Endlichkeit der Welt. Wissen ersetzt Ressourcen – man denke etwa an die Entdeckung der Supraleitfähigkeit.
Doch Design einer Umwelt jenseits der Nachhaltigkeit verspricht auch Umweltverträglichkeit – von »friendly energy«

ist auf der Web-Site des *NanoTechnology Magazine* die Rede. Das steht in genauer Antithese zur »grünen« Apokalypse von den Grenzen des Wachstums. Meadows und der Club of Rome wurden in den frühen Siebzigerjahren berühmt mit der These, dass exponentielles Wachstum mit der Endlichkeit der Weltressourcen unvereinbar sei. Das war die moderne Variante des Pessimismus von Thomas Malthus, der die Menschheit sich zu Tode vermehren sah. Malthus und Meadows haben sich beide geirrt, weil sie die Folgen des technischen Wandels nicht mit in ihr Kalkül einbezogen und nicht verstanden haben, dass wissenschaftlich-technischer Fortschritt vor allem darin besteht, das, was knapp ist, durch anderes zu ersetzen.

Im Kern geht es beim Schritt von der Sorge um die Umwelt zum Design der Umwelt um vier Menschheitsträume: Verständigung, Schöpfung, Unsterblichkeit und Sicherheit. Beim Thema »Verständigung« geht es um das Design von benutzerfreundlichen Interfaces, die Konstruktion von Robotern und personalisierten Computern. Es geht um neue Techniken der Kommunikation und Möglichkeiten der Vernetzung; um die Erprobung von Design in Simulationen und um neue Formen des Lernens.

Die Kreativität des Menschen wird buchstäblich »Schöpfung«, wo er nicht nur als Architekt intelligente, benutzerfreundliche Umwelten entwirft, sondern neue Materialien erfindet, die Kleidung, Wohnen und Mobilität revolutionieren. Auch was wir essen, kommt längst nicht mehr aus Gottes Hand allein. Neue Materialien entstehen durch passgenaue Hinzufügung von Molekülen: »Bauen« geht in »wachsen« über. Der Forscher wird zum Schöpfer – und Unternehmer.

»Forever young« wird für immer mehr Menschen zur selbstverständlichen Erwartung. Technisch konkret bedeutet das Projekt »Unsterblichkeit«, dass Medizin und Diätetik bis hin zur genetischen Steuerung alles daransetzen, den menschlichen Körper zu optimieren. Das Well-being wird steuerbar.

Und schließlich »Sicherheit«. Auch die größten Fortschritte der Technik haben uns dem ewigen Frieden keinen Schritt näher gebracht. Gleichzeitig ist die westliche Kultur weniger denn je bereit, Menschen zu opfern. Deshalb muss das Militär einerseits auf Kampfroboter und unbemannte Kampfflugzeuge oder Panzer setzen, andererseits den modernen Krieger zum nahezu unverletzbaren Cyborg umrüsten. Der moderne Krieger ist ein Paradigma der neuen Machbarkeit; sein »Alltag« ist charakterisiert durch Entscheidungen unter Stress, Operieren mit unvollständiger Information, körperliche Überforderung und die Anforderungen der Mensch-Maschine-Synergie. Überdies wird unsere Sicherheit zunehmend durch asymmetrische Feinde, durch Bio- und Ökoterrorismus bedroht, was Überwachungsmaßnahmen in bisher unvorstellbarem Ausmaß nötig macht.

In all diesen Bereichen geht es um technisch implementiertes Wissen. Die Interdisziplinarität der wissenschaftlichen Forschungen aus den Bereichen Physik, Biologie, Mathematik, Hirnforschung und Sozialwissenschaften verwirklicht sich in der Konvergenz der Spitzentechnologien. Diese Konvergenz zu managen, ist die Designaufgabe des 21. Jahrhunderts.
Converging Technologies ist der Name für das dritte große amerikanische Kollektivprojekt – nach dem Manhattan Project, das mit der Erfindung der Atombombe den Zweiten Weltkrieg beenden sollte, und der Raumfahrt, die eigentlich erst mit der Gründung der DARPA 1958 als Reaktion auf den Sputnik-Schock begann. Wenn man nach einem Startdatum sucht, so bietet sich die Rede von Präsident Clinton im Januar 2000 an, die eine nationale nanotechnologische Initiative ins Leben rief. Der Name signalisiert, dass es nicht primär um die immer wieder erträumte Einheit der Wissenschaften, sondern um eine Konvergenz der Technologien geht. Und dazu bedarf es gar keiner übergreifenden, alles erklärenden Theorie; es genügt der kunstvolle Reduktionismus der mo-

dernen Forschung, der sich mit den Gesetzen der Physik und Chemie an Teilsynthesen heranwagt.

Im 19. Jahrhundert endete die Metaphysik mit der Frage nach der Technik. Martin Heidegger hat diese Frage nach der Technik ausdrücklich gestellt, und wir müssen sie heute noch einmal stellen. Ein guter Ausgangspunkt wäre die Erinnerung daran, dass Aristoteles die Hand als Organ aller Organe definiert hat – und Alan Turing den Computer als Maschine aller Maschinen. Da liegt es nahe, die moderne Technik als Organprojektion zu verstehen; und damit sind wir wieder auf der Spur des Technikphilosophen Kapp, des Psychoanalytikers Freud und des Medienwissenschaftlers McLuhan. Es gibt keine aktuellere Definition des Menschen als die von Freud: Prothesengott. Heute versteht er sich als Designer seiner Umwelt.

Helmut A. Gansterer

VON KÖPFEN, DIE AUF DEN STRICH GEHEN

Themen wie Macht und Umwelt zeigen unsere Unzulänglichkeit, es wird aber besser

»Wenn Eure Hoheit das Gute wünscht,
so wird das Volk gut«
(Konfuzius im Text zur Staatsregierung)

Ich bin dieser literarischen Edition verbunden. Vor Jahren schrieben wir den Band »MACHT KUNST SINN«. Vexier-Titel sind eine *trademark* der Serie. Sie schrecken nicht mehr. Auch nicht »MACHT UM WELT«, obwohl das doch grausam ist.

Alles Böse, das sich über Macht, Welt und Umwelt schreiben ließ, liegt längst schockgefroren in Form appetitlich verpackter Module in den Kühlfächern der Zeitungen. Bei Bedarf werden die Häppchen hervorgeholt, aufgetaut und anmutig auf Zeitungspapier serviert. Man weiß, sie sehen mit dem Schnittlauch eines aktuellen Titels wie neu aus. Und sie schmecken wie neu, sofern man die Mühe nicht scheut, frischen Senf beizugeben. Auch Krenreiben wirkt Wunder.

Für ein Buch kann dies nicht genug sein. Wir räumen den *libri* ja den nobelsten Rang der papierenen Werke ein. Also mag es sinnvoll sein, etwas wirklich Frisches zu versuchen.

Zum Beispiel, ob uns nicht auch Positives einfiele zu Macht, Welt und Umwelt. Und ob unsere Art, darüber zu denken, nicht endlich Fortschritte macht.

Aus der Vogelschau sieht zunächst alles so aus wie gehabt. Nehmen wir beispielsweise Konrad Lorenz. Oh Gott, Konrad Lorenz! Für die *correctness*-Fanatiker sei dazugesagt, der Autor wisse, dass Lorenz politisch verführbar war wie andere Fach-Genies; wie Ferdinand Porsche, Ernst Jünger und Emil Nolde. Hier wird Lorenz als hellsichtiger Nobelpreisträger und glänzender Stilist zitiert, mit seinem Mars-Gleichnis aus dem Essay *Ecce Homo*.

Zur gefälligen Erinnerung: »Nehmen wir an, ein objektivierender Verhaltensforscher säße auf einem anderen Planeten, etwa dem Mars, und untersuche das soziale Verhalten des Menschen mit Hilfe eines Fernrohrs, dessen Vergrößerung zu gering sei, um Individuen wiederzuerkennen und in ihrem Einzelverhalten verfolgen zu können, das aber wohl gestatte, grobe Ereignisse wie Völkerwanderungen, Schlachten etc. zu beobachten. Er würde nie auf den Gedanken kommen, dass das menschliche Verhalten von Vernunft oder gar verantwortlicher Moral gesteuert sei.«

Das Marsmännchen würde die heutigen Konflikte, allen voran den Irak-Krieg, genauso ratlos mustern wie die Eroberungszüge der Herren Alexander, Dschingis Khan, Attila und Hannibal und generell alle Völkerwanderungen. Das liegt aber daran, dass der Mars so weit weg ist.

Wir Heutigen wissen erstmals Bescheid, was an jedem Punkt der Erde geschieht. Oft sogar, warum. Wir sind gut informiert. Schriebe Goethe heute das Kapitel, in dem Dr. Faust versucht, die alte Schrift »in mein geliebtes Deutsch zu übertragen«, stünde dort: »Im Anfang war die Information.« Wir haben sie. Das ist viel. Wir haben als erste Privilegierte nur nicht gelernt, mit Info-Lawinen umzugehen.

Wir sind evolutionstechnisch eher gerüstet, karge Information klug zu ergänzen, als viel Information in Spreu und Weizen zu sondern. Da wäre es toll, hätten wir Medien, die diese Aufgabe übernähmen. Die vielen, derzeit noch mächtigen Massenmedien ohne Aufklärungswillen kamen aber dahinter, dass vor allem die Spreu wie Gold ist. Sie bringt Quote und Auflage. Spreu heißt Blut, Krieg, Krankheit, Hunger, Fremde, Elend, Verbrechen, Unglück und aufrichtiges Entsetzen über die tödliche Krankheit eines Stars. Weshalb man heute korrekt klagt, wir seien »over-newsed and under-informed«.
Nur: Selbst die Müdesten begreifen allmählich, was hier geschieht. Die Wachen kaufen lieber Medien, die auch den Weizen schätzen: die unverkennbaren Fortschritte, von der Medizin bis zur Wirtschaftspolitik, die in Europa seit 60 Jahren Hausse und Baisse auspendelt. Denkbare Elends-Crashes wie 1928 werden heute in internationalem Teamwork abgefedert, wie zuletzt 2007. Das sind Themen, die nicht jedem liegen. Doch jeder kriegt mit, dass über die ideale Betreuung und Belehrung der Kinder nun gründlich gestritten wird. Das ist gut. Streit ist ein Anfang. In AG-Aufsichtsräten gilt der Spruch: »Man kann nur verbessern, was auf der Tagesordnung steht.«

Vieles, das noch im Millennium vor sieben Jahren nicht auf der Tagesordnung stand, ist heute endlich ein Streit-Punkt. Aus Punkten werden Linien, aus Linien werden Flächen. Aus Flächen werden Raum und Geist. Wie in der Umweltdiskussion. Auch dort wurde aus einem Raunen ein verständlicher Satz, aus Sätzen Romane und aus Romanen Überzeugung. Wie viel auch hier in kurzer Zeit erreicht wurde, in allen Teilen der Gesellschaft!
Warum diese Unfähigkeit, sich an Zwischenergebnissen zu erfreuen, um daraus Kraft für weitere gute Taten zu ziehen? Es scheint so, als hätte unsere Fähigkeit des Denkens und Diskutierens mit der Fülle der Herausforderungen nicht Schritt gehalten.

Es gibt nur Vermutungen, warum dies so ist. Meine Theorie ist unappetitlich und hoffentlich falsch, soll aber hier genannt werden. Sechzig Jahre eines permanenten Wohlstandszuwachses könnten zu Dekadenz geführt haben; eine geistige und charakterliche Verwahrlosung durch Mangel an echten Problemen.
Dekadenz kann bewirken, dass der Kopf auf den Strich geführt wird, ohne Nötigung eines Zuhälters. Man sucht sich den nächsten bequemen Standpunkt und stellt unverzüglich das Denken ein. Man hat sein Lager gefunden, dem man fortan treu dient, sofern es Geld einträgt. Alle Abweichler sind fortan Feinde, und zwar für immer.

Wer sich als Politiker vom Verdacht befreien möchte, seinen Kopf auf den Strich zu führen, sollte dreierlei können.
Erstens: Der Versuchung widerstehen, irgendjemandem in den Arsch zu kriechen oder gar die rotzigen Kinder unwichtiger Einzelwähler zu küssen.
Zweitens: Zuhören. Großartig jeder, den die Inhalte der Reden seines Gegners interessieren. Untragbar jeder, der im Parlament schläft, auch wenn es nicht leicht sein kann, wach zu bleiben.
Drittens: Nachgeben. Wir warten bis heute auf jenen intelligenten Politiker, der zugäbe, sein Parteigegner habe in einer wichtigen Frage recht gehabt. Er (sie) würde das Parlament entzücken. Er (sie) würde in der eigenen Partei gehasst werden. Er (sie) würde die Wahl gewinnen, für die nächsten vier Jahre oder für immer.

Jörg Pietsch

KLIMAWANDEL
Ein Versuch der Aufklärung

Klimawandel? Auch noch vom Menschen hervorgerufen? Mancher scheint sich die Frage zu stellen, ob das nicht alles eine grüne Mode sei. Schließlich, so heißt es, gelinge es Wissenschaftlern nicht einmal, das Wetter präzise vorherzusagen. Woher sollten sie da wissen, wie es sich mit dem Klima verhält? Im Übrigen habe es Temperaturschwankungen immer gegeben. Müsse man alles gleich dramatisieren? Auch der Club of Rome habe mit seinem aufsehenerregenden Bericht zu den Grenzen des Wachstums in den 1970er-Jahren kräftig danebengelegen. Entgegen den Prophezeiungen seien unsere fossilen Brennstoffvorräte längst nicht erschöpft und auch andere Horrorwarnungen hätten wir gut überstanden. Unsere Wälder erfreuten sich nicht gerade bester Gesundheit, eine gewisse Vitalität sei ihnen jedoch kaum abzusprechen. Außerdem dürften gerade wir Europäer nicht immer das Negative sehen: Wäre es denn so dramatisch, wenn es bei uns ein wenig südländischer würde? Mediterranes Klima am Ostseestrand, Weihnachtsgänse auf dem Gartengrill und Palmen am Wörther See – das sei doch auch ganz reizvoll!
Der Kreativität sind keine Grenzen gesetzt. Kürzlich vertrat ein bekannter »Zukunftsforscher« die Auffassung, wir sollten uns über die Aussicht, die Erde könne für Menschen unbewohnbar werden, nicht den Kopf zerbrechen. Schließlich sei Artensterben ein ganz natürlicher Prozess – man denke nur an die Dinosaurier.

Der Klimawandel ist, so sieht es aus, zu einem Thema geworden, das vielen von uns eine Meinung abverlangt – nicht selten bevor wir die Einsichten der Wissenschaft ernsthaft zur Kenntnis genommen haben. Ist eine Meinung dann öffentlichkeitswirksam herausposaunt, fällt es schwer, sie wieder zu revidieren. Kein Wunder, dass manche längst widerlegte These dem Meinungsspektrum noch Jahrzehnte erhalten bleibt. Auch die Eigengesetze der Medienlandschaft dürften zur Verwirrung beitragen: Je ausgefallener ein Statement ist, desto leichter scheint es seinen Weg in Funk, Fernsehen und die Printprodukte zu finden – unabhängig von der wissenschaftlichen Validität. Die Debatte über die Veränderung des Weltklimas hat, wie es scheint, eines nötig: Aufklärung.

Völlig unstrittig ist zunächst, dass sich unsere Erde seit geraumer Zeit erwärmt. Über den Globus verteilte Messstationen verzeichnen seit Beginn des 20. Jahrhunderts einen Anstieg der weltweiten Durchschnittstemperatur um etwa 0,8 °C. Das mag zunächst nicht dramatisch klingen, doch die Folgen des weltweiten Temperaturanstiegs sind bereits deutlich zu spüren. Ein Grund dafür ist auch, dass einem Anstieg der globalen Mitteltemperatur höchst unterschiedliche regionale Erwärmungsentwicklungen zugrunde liegen – vielerorts ist es bereits deutlich mehr als 0,8 °C wärmer geworden. Als Faustregel gilt: Die Luft über Landmassen erwärmt sich stärker als über dem offenen Meer. Im Alpenraum werden beispielsweise Temperaturzuwächse von bis zu 1,6 °C beobachtet.

Schon heute tauen die Gebirgsgletscher ab, das arktische Meereis wird von Jahr zu Jahr kleiner und der Meeresspiegel steigt langsam, aber kontinuierlich. Auch die Niederschlagsverteilung hat sich spürbar verändert. Während die Niederschlagsmengen im Alpenraum in den Sommermonaten sinken, regnet es im Spätwinter und Frühjahr mehr als früher. Infolge der Erwärmung und der veränderten Niederschlagsentwicklung haben sich die Klima- und Vegetationszonen weltweit sichtbar verschoben. Nicht nur Dürreereignisse, sondern auch andere Wetterextreme wie Stürme und Unwetter haben nach Zahl und Intensität zugenommen. Häufigere Überschwemmungen sind nicht nur die Folge menschlicher Eingriffe in die Landschaft, in erster Linie sind sie das Ergebnis starker Niederschlagsereignisse. Schäden besonderen Ausmaßes richten – dies wissen wir schon aus den Fernsehnachrichten – tropische Hurrikans an. Wissenschaftliche Studien zeigen, dass gerade Hurrikans in den vergangenen Jahren an Zerstörungskraft gewonnen haben. Die Zunahme ihrer Energie dürfte im Zusammenhang mit der Erwärmung der Meere stehen.

Woher kommt diese Erwärmung? Im Wesentlichen wird die globale Mitteltemperatur von drei Faktoren bestimmt: der Strahlungsaktivität der Sonne, der Durchlässigkeit unserer Atmosphäre für die Sonnenstrahlung (Luftverschmutzung aus Abgasen oder Vulkanausbrüche etc. hindern einen Teil der Sonnenstrahlung daran, die Erde zu erreichen) und dem Treibhauseffekt. Als Treibhauseffekt bezeichnen wir folgenden Vorgang: Einige in der Atmosphäre auftretende Gase, insbesondere Wasserdampf, Methan und Kohlendioxyd, lassen zwar die kurzwellige Strahlung der Sonne passieren, nicht aber die von der Erdoberfläche ausgehende langwellige Wärmestrahlung. Ein Teil dieser Wärmestrahlung wird durch die Treibhausgase zur Erdoberfläche zurückgestrahlt, sodass eine Art »Wärmestau«, eine Treibhausatmosphäre, entsteht. Für das Leben auf der Erde ist dieser Prozess grundsätzlich unverzichtbar: Ohne Treibhauseffekt läge die globale Durchschnittstemperatur bei unwirtlichen –18 °C.
Zum Verständnis der Erderwärmung muss man vor allem eines wissen: Je höher die Konzentration der genannten Gase ist, desto intensiver fällt der Treibhauseffekt aus. Seit Beginn der Industrialisierung und mehr noch mit dem breiten Wohl-

standsgewinn nach Ende des Zweiten Weltkrieges ist der Anteil der Treibhausgase in der Atmosphäre stetig gestiegen. Um die Mitte des 18. Jahrhunderts begannen die Menschen in Europa und Nordamerika statt des nachwachsenden Rohstoffs Holz verstärkt fossile Brennstoffe zu nutzen, zunächst Kohle, später auch Erdöl und Erdgas. Seitdem wird über Millionen von Jahren gebundener Kohlenstoff oxidiert und CO_2 in die Atmosphäre freigesetzt. Messungen in Eisbohrkernen, den verlässlichsten Zeugen der atmosphärischen Zusammensetzung, zeigen für das Jahr 1750 eine CO_2-Konzentration von etwa 280 ppm (parts per million = Millionstel). Nach jüngeren Messungen liegt sie mittlerweile bei ca. 380 ppm.

Wagen wir einen Blick in die Zukunft. Modellrechnungen machen dies möglich. Sie funktionieren nach dem »Wenn-dann-Prinzip«. Sie setzen eine bestimmte Vorstellung von der Entwicklung der Welt voraus und stützen sich auf wissenschaftlich begründete Annahmen zum Zusammenhang von CO_2-Konzentration und Temperatur (der sogenannten »Klimasensitivität«): Wenn die Erdbevölkerung bis zum Ende des Jahrhunderts von 6,5 auf 9 Mrd. Menschen wächst, der individuelle Energiebedarf weiter steigt und man ihn noch lange durch die Verbrennung fossiler Stoffe deckt, wird die CO_2-Konzentration im Jahr 2100 bei mindestens 540 ppm liegen. Die bisher beobachtete Klimasensitivität zugrunde gelegt, nach der eine Verdopplung der CO_2-Konzentration eine Erwärmung von 3 °C (+/– 1 °C) nach sich zieht, sehen heute Geborene innerhalb ihrer Lebensspanne einem weiteren Anstieg der globalen Durchschnittstemperatur von über 2 °C entgegen. Einige Experten gehen für Variationen dieses sogenannten »Business-as-usual-Szenarios« sogar von einem deutlich stärkeren Anstieg der CO_2-Konzentration aus. In einer Welt ohne erfolgreiche Klimaschutzanstrengungen erwarten sie bis Ende des Jahrhunderts einen durchschnittlichen Temperaturanstieg von bis zu weiteren 5 °C.

Für Mitteleuropa dürfte, bedenkt man die regionalen Unterschiedlichkeiten, im Übrigen bereits eine weltweite Erwärmung von nur 2 °C vielfach einen Temperaturanstieg um etwa 5 °C nach sich ziehen. Nördlich der Alpen wird selbst dann das Klima Siziliens herrschen. Italien und Spanien müssen sich auf nordafrikanische Verhältnisse einstellen. Was ein Anstieg nicht allein der regionalen Temperatur, sondern gar des globalen Mittels um 5 °C bedeuten würde, wird deutlich, wenn man sich vor Augen hält, wie groß die Temperaturdifferenz zwischen einer Warmzeit und einer Eiszeit in der Vergangenheit war: Ebenfalls 5 °C! Erschwerend kommt für uns hinzu, dass wir heute ohnehin in einer Warmzeit (dem Holozän) leben. Addiert man zu den gegenwärtigen Temperaturen noch einige Grad dazu, so führt uns dies in nichts anderes als eine absolute Heißzeit.

Viele Forschungsprojekte beschäftigen sich heute mit der Frage, ob die Erhöhung des CO_2-Gehalts in der Atmosphäre bzw. die Erwärmung als solche über den linearen Anstieg der Temperatur hinaus weitere für die globale Temperaturentwicklung relevante Prozesse in Gang setzen wird. Man spricht von positiven oder negativen Rückkopplungen. Seit Langem suchen Wissenschaftler intensiv nach Mechanismen, die einer Temperatursteigerung entgegenwirken und das Klima daran hindern, aus dem Ruder zu laufen. Fündig wurde die Forschung nur selten. Immerhin: Die Erhöhung der CO_2-Konzentration in der Atmosphäre beschleunigt das Pflanzenwachstum – durch Photosynthese setzen Pflanzen mehr CO_2 in Sauerstoff und Glucose um.

Positive (steigernde) Rückkopplungen überwiegen. So wird infolge des Abschmelzens weißer Eisflächen weniger Sonnenstrahlung von der Erde reflektiert und stattdessen mehr absorbiert. Außerdem beginnen mit steigenden Temperaturen bisher dauerhaft gefrorene Böden in Bergregionen und polaren Breiten zu tauen. Diese sogenannten Permafrostböden speichern große Mengen Methan. Nach dem Auftauen entweicht dieses hochwirksame Treibhausgas. Noch ein Beispiel aus der Welt der Meere: Fast die Hälfte des atmosphärischen CO_2 wird derzeit durch die Ozeane aufgenommen. Wäre dies nicht so, fiele die Erwärmung heute bereits viel deutlicher aus. Die ungebremste Aufnahme von CO_2 lässt die Meere jedoch versauern. Der steigende Säuregehalt gefährdet wiederum die maritimen Korallenwelten. Wie unsere Wälder sind auch die Korallenriffe riesige Kohlenstoffspeicher, die bei ihrem Absterben Unmengen an CO_2 freisetzen.

Einige Folgen globaler Erwärmung sind bereits beschrieben, doch dabei wird es bei weiterem Temperaturanstieg nicht bleiben. Ganz sicher führt der Anstieg der globalen Mitteltemperatur zu einem zunehmend dramatischen Anstieg des Meeresspiegels. Anders als gelegentlich suggeriert, werden Küstenstädte wie New York oder Schanghai in 50 Jahren aller Voraussicht nach nicht metertief unter Wasser stehen. Der Anstieg des Meeresspiegels durch die thermische Ausdehnung des Wassers vollzieht sich vielmehr schleichend und gegenüber der Temperatursteigerung der Luft mit einer gewissen Verzögerung (weil sich das Wasser schlichtweg langsamer erwärmt als die Luft). Schmelzen aber die Gebirgsgletscher, das Festlandeis auf Grönland und das westantarktische Eisschild, so dürfte der Meeresspiegel bereits innerhalb der kommenden 300 Jahre unaufhaltsam um drei bis fünf Meter steigen. Langfristig wird der Anstieg für viele Inselregionen das sichere Aus bedeuten. Auch das Schicksal vieler Küstenstädte wäre bereits in greifbarer Zeit besiegelt.

Wenn die Temperaturen steigen und sich die Niederschläge weiter neu verteilen, hat dies Auswirkungen auf Flora und Fauna. Botaniker haben entdeckt, dass bei uns schon heute eine Vielzahl von Gewächsen überleben, die der mitteleuropäischen Planzenwelt fremd sind. Man befürchtet aber auch einen massiven Verlust der Artenvielfalt. Viele Lebensformen werden es wohl nicht schaffen, den davonziehenden Klimazonen auf dem Fuße zu folgen. Dafür vollzieht sich der klimatische Wechsel zu schnell, und die Welt von heute ist so zersiedelt, dass viele Lebensräume ihre Verbindung zueinander verloren haben.

Haben wir Menschen es also, wie Apokalyptiker schon häufig behaupteten, endlich geschafft, den Ast, auf dem wir sitzen, abzusägen? Lohnt es sich überhaupt noch, zur Rettung des Weltklimas aufzurufen? Gänzlich stoppen lässt sich der Klimawandel tatsächlich nicht mehr, jedenfalls nicht in den kommenden Jahrzehnten. Nach Ansicht der meisten Experten ist es aber nicht zu spät, um zu verhindern, dass das klimatische System unserer Erde gänzlich unbeherrschbar wird. Sicher ist dabei eines: Ohne erfolgreichen Klimaschutz sinken Chancen von Tag zu Tag.
Das von der Europäischen Union beschlossene Ziel, die globale Erwärmung auf 2 °C gegenüber dem vorindustriellen Niveau zu beschränken, weist einen ambitionierten Weg. Aber: Um kein Missverständnis aufkommen zu lassen, muss man immer wiederholen, dass selbst eine Erhöhung der globalen Mitteltemperatur um »nur« 2 °C erhebliche Folgen mit sich bringen wird. Das 2-°C-Ziel ist das Ergebnis einer Risikoabwägung. Nach dem derzeitigen Stand der Forschung ist davon auszugehen, dass die bei einer solchen Erwärmung eintretenden Folgen das Klimasystem nicht in Gänze destabilisieren würden – konkret, dass die großen Kippschalter des globalen Klimasystems nicht unumkehrbar umgelegt würden. Unverzichtbare Elemente des Systems, wie der Amazonasregenwald, die transatlantische Zirkulation (Golfstrom), der indische Monsun oder die polaren Eisflächen, dürften zumindest im Kern erhalten bleiben.
Was ist zu tun, um zumindest dieses Ziel zu erreichen? Vor allem müssen wir – und dafür bleibt nicht allzu viel Zeit – den CO_2-Ausstoß massiv senken. Die CO_2-Konzentration der At-

mosphäre darf von ihren derzeit 380 ppm bis zum Jahr 2050 keinesfalls über die Grenze von 450 ppm steigen. Durch kleine Korrekturen unseres Alltagsverhaltens allein werden wir dieses ambitionierte Ziel nicht erreichen. Erforderlich ist nicht weniger als eine »Dekarbonisierung« des globalen Wirtschaftslebens. Weltweit wird die Energieversorgung auf neue Grundlagen zu stellen sein. Sie darf nicht weiter auf der Verbrennung von Kohle, Öl und Gas beruhen, sondern muss auf regenerativen Quellen fußen: auf Sonne, Wind, Wasserkraft, Biomasse und allem, was technischer Fortschritt in Zukunft möglich macht. Wie groß diese Herausforderung ist, wird spätestens deutlich, wenn wir uns vor Augen führen, dass momentan allein in China noch jede Woche (!) ein neues Kohlekraftwerk ans Netz geht. Eine zentrale Herausforderung wird es daher auch sein, innovative Technologien über den Globus zu verbreiten.
Heute wird neben Wegen zur Nutzung erneuerbarer Ressourcen auch an Techniken gearbeitet, CO_2 bei der Verbrennung abzuscheiden und sodann in undurchlässigen Formationen unter der Erde einzulagern (Carbon Capture and Sequestration – CCS). Ist diese Methode ausgereift, bestünde zumindest an manchen Orten für eine Weile (d. h. solange Lagerstätten zur Verfügung stehen) die Möglichkeit, fossile Energieträger ohne CO_2-Belastung der Atmosphäre zu verbrennen.
Ein weiteres Arbeitsfeld bietet unser Energieverbrauch. Erneut spielen technologische Innovationen eine Schlüsselrolle. Die erforderlichen Investitionen der Wirtschaft in Forschung und Entwicklung werden nur fließen, wenn neue Techniken ausreichend nachgefragt werden. Ordnungspolitische Rahmenbedingungen, aber auch ein klimabewusstes Verbraucherverhalten, sind in diesem Zusammenhang wichtige Stichwörter. Jeder sollte wissen, wie viel mehr CO_2 durch eine Flugreise emittiert wird als durch eine gleich weite Bahnfahrt. Dass sich mit dem Erwerb energiesparender Geräte im Haushalt

und kleiner Investitionen in die Wärmedämmung, durch energiesparende Glühbirnen und den Umstieg in ein kleineres Auto ebenfalls Tonnen von CO_2-Emissionen vermeiden lassen, muss ebenfalls aus dem Passiv- in das Aktivwissen übergehen. Der Ehrlichkeit halber soll auch dies nicht unerwähnt bleiben – und zwar nicht allein, weil Vegetarier- und Veganervereinigungen es immer wieder betonen: Eine fleischlose Ernährung ist ohne Frage klimafreundlicher als jeder Fleischverzehr. Besonders schädlich ist die Rinderzucht, denn Rinder emittieren als Folge ihrer Verdauungsvorgänge in nicht unerheblichem Maße Methan.

Da wir nicht alle Folgen des Klimawandels verhindern können, bleibt uns nichts anderes übrig, als neben der Vermeidung (im Fachjargon »mitigation«) Strategien der Anpassung (»adaptation«) zu entwickeln. Klimatisch müssen wir uns in Mitteleuropa zumindest auf süditalienische Verhältnisse einstellen. Dies wird unser gesamtes Arbeits- und Freizeitleben betreffen. Es ist an der Zeit, unsere Häuser anders zu bauen – ohne dabei gleich an Klimaanlagen zu denken (aber auch hier sind klimafreundliche Solarlösungen möglich). Unsere Städte werden zur Abkühlung mehr denn je ihre grünen Lungen benötigen. Das Beispiel Athens zeigt bereits, wie problematisch sommerliches Leben in europäischen Großstädten werden kann, die durch Brände ihre letzten Schatten spendenden »Oasen« verloren haben. Auch die Landwirtschaft wird sich nicht nur auf höhere Temperaturen und veränderte, häufig niedrigere Niederschlagsmengen einstellen müssen. Untersuchungen zeigen, dass eine Erwärmung verstärkten Schädlingsbefall nach sich zieht.
Der Erfolg unserer Anpassungsschritte hängt von frühzeitiger Einsicht, menschlichem Ideenreichtum und vorausschauender Planung ab. Mehr noch gilt dieser Dreiklang für den Erfolg unserer Klimaschutzstrategien, für die Wege zum nachhaltigen, also CO_2-freien Wirtschaften. Wir benötigen inno-

vativen Gründergeist und müssen mutige politische Grundlagen schaffen: Rahmenbedingungen, die einer neuen technischen Revolution ihren freien Lauf lassen. Von allein aber – das sollte uns ebenfalls klar sein – läuft dabei gar nichts.

Frank Biermann

WELTUMWELTPOLITIK: KONFLIKT ODER KOOPERATION ZWISCHEN INDUSTRIE- UND ENTWICKLUNGS-LÄNDERN?

Einleitung

Umweltpolitik hat sich im Laufe der Jahrzehnte von einem lokalen Problem zu einer Weltumweltpolitik und damit zu einem internationalen Konfliktgegenstand vor allem mit Blick auf die Beziehungen zwischen Entwicklungsländern und Industrieländern entwickelt. Verteilungskonflikte zwischen Entwicklungsländern und Industrieländern sind in allen Bereichen der internationalen Politik zu finden – in der Weltumweltpolitik jedoch sind sie oft zentral. Ein Grund dafür ist die spezifische Bedeutung der Entwicklungsländer, gerade der ärmsten und sonst »machtlosen«. Fast alle »Hotspots« der biologischen Vielfalt und die meisten bedrohten Urwälder sind im Süden zu finden, oft in fragilen Staatswesen, die kaum Kapazitäten zum Naturschutz haben. Indien und China werden bald die weltweit größten Emittenten von Treibhausgasen und damit Verursacher der Erderwärmung sein. Die gefährlichsten langlebigen, sich bis in die Polargebiete verbreitenden Chemikalien werden oft nur noch in Entwicklungsländern hergestellt und angewandt. Meeresverschmutzung durch die Seeschifffahrt unterliegt im Wesentlichen der Verantwortung der sogenannten Flaggenstaaten, vornehmlich also Staaten wie Liberia oder Panama. Dies bestreitet nicht, dass die Hauptverantwortung für viele globalen Umweltprobleme weiterhin im Norden liegt – pro Kopf gemessen ist der »ökologische Fußabdruck« in Industrieländern noch stets größer als der vieler Entwicklungsländer. Andererseits ist nicht zu leugnen, dass Weltumweltpolitik in besonderer Weise die Kooperation der großen Entwicklungsländer wie China und Indien erfordert, die pro Kopf noch einen recht geringen Umweltverbrauch haben, doch aggregiert auf ihre Gesamtbevölkerung global den Ausschlag vor allem mit Blick auf die Erderwärmung geben werden.

Diese besondere Bedeutung der Entwicklungsländer für die Weltumweltpolitik hat in den letzten Jahrzehnten vielfach Anlass gegeben, hierin einen grundsätzlichen Machtgewinn für Entwicklungsländer zu erkennen. Schon 1975 schrieb Konrad Seitz über eine neuartige »Chaosmacht« der Entwicklungsländer, die er unter anderem in einer weltweiten ökologischen Abhängigkeit sah. Auf dem UN-Gipfel über Umwelt und Entwicklung 1992 erklärte der Sprecher der Entwicklungsländer 17 Jahre später mit Blick auf die Klimapolitik, dass sich die Spielregeln zwischen Nord und Süd geändert hätten. Wenn der Süden die für seine wirtschaftliche Entwicklung erforderlichen Handelszugeständnisse, Schuldenerleichterungen, finanziellen Hilfen und Technologien nicht bekäme, müssten letztlich alle Länder den Preis bezahlen und der globalen Umweltkatastrophe ins Auge sehen. In der Tat – so die These dieses Aufsatzes – lassen sich heute in internationalen Umweltverhandlungen institutionelle Innovationen und neuartige Verteilungsmodi feststellen, die sich deutlich von anderen Politikfeldern unterscheiden – und für den Süden oft vorteilhafter sind.

Institutionelle Innovationen in der internationalen Ozonschutzpolitik

Eine erste institutionelle Innovation der Weltumweltpolitik betrifft die Normdifferenzierung erst in der Ozonpolitik und später in anderen Bereichen der Weltumweltpolitik (u. a. Klima, Chemikalien). Normdifferenzierung in internationalen Verträgen ist eine alte Forderung der Entwicklungsländer in der Wirtschaftspolitik seit den Siebzigerjahren, als der Süden eine neue Weltwirtschaftsordnung mit positiver Diskriminierung des Südens einforderte. Tatsächlich erfolgten im Laufe der Zeit gewisse Änderungen in den Regeln über den Freihandel. Diese blieben jedoch weit entfernt von dem, was der Süden eingeklagt hatte: Eine grundsätzliche Differenzierung der Rechtspflichten im GATT/WTO-Recht erfolgte nicht.
In der Weltumweltpolitik waren die Verhandlungsziele des Südens vergleichbar, doch die Verhandlungsergebnisse deutlich anders. Hier ist mehrfach eine grundsätzliche Differenzierung der Rechte und Pflichten zwischen Nord und Süd eingeführt worden. Als erster Präzedenzfall wurde eine rechtliche Spaltung der Vertragspflichten zwischen Entwicklungsländern und Industrieländern in das Montrealer Protokoll zum Schutz der Ozonschicht von 1987 aufgenommen. Während die Industrieländer in Ost und West sich 1987 zur Halbierung von Produktion und Verbrauch der fünf wichtigsten Fluorchlorkohlenwasserstoffe (FCKW) bis 1998 verpflichteten (was später weiter verschärft wurde), mussten die Entwicklungsländer diesen Zeitplan erst zehn Jahre später erfüllen. Dieses Privileg wurde zwar eingegrenzt, doch derart weit, dass fast alle Entwicklungsländer in den Genuss dieser Sonderrechte kamen: So konnten 1995 nur fünf von ihnen diese Privilegien nicht beanspruchen, während 101 Entwicklungsländer unter die Sonderregelung fielen. Dies zeigt deutlich den Verhandlungserfolg des Südens als Gruppe: Anders als in den Präferenzsystemen des Handelsrechts konnten die

Entwicklungsländer hier allgemeine, alle ihre Mitglieder begünstigende Sonderrechte erkämpfen. Obendrein bleibt es nicht wie im Handelsrecht den Industrieländern überlassen, wie der Kreis der Begünstigten in Zukunft eingegrenzt werden soll. Vielmehr entscheiden die Entwicklungsländer über die Adressaten der Privilegien in der Ozonpolitik selbst mit.
Eine zweite institutionelle Innovation der Weltumweltpolitik betrifft die Entscheidungsverfahren. Seit den Siebzigerjahren forderten Entwicklungsländer die grundlegende »Demokratisierung« der Weltbank und des Weltwährungsfonds, und zwar so, dass letztlich jedem Land Mitbestimmungsrechte unabhängig von der Beitragshöhe zustehen. Das Verhandlungsziel der Entwicklungsländer war trotz aller Rhetorik nicht die »volle Demokratisierung«, also die Einführung des Ein-Land-eine-Stimme-Modus in Weltbank und Währungsfonds, das gänzlich unrealistisch schien und zudem die großen Entwicklungsländer in ihren Einflussmöglichkeiten geschwächt hätte. Vielmehr strebten die Entwicklungsländer ein paritätisches Verfahren an: In Form von »Blockstimmrechten« sollte je die Hälfte der Stimmen vom Norden und vom Süden gehalten werden, sodass beide Seiten ein Veto über Entscheidungen behalten hätten. Gleichwohl blieb die Struktur von Weltbank und Weltwährungsfonds unverändert. Die Entwicklungsländer erreichten zwar die formal gleiche *Repräsentation* in den Gremien, nicht jedoch gleiche (Gruppen-)Stimmrechte.
Anders verlief der Konflikt um die Entscheidungsverfahren in der Ozonschutzpolitik: Hier wurden auf Druck der Entwicklungsländer wirklich *paritätische Entscheidungsverfahren zwischen beiden Staatengruppen* eingeführt, wie sie für den Weltwährungsfonds zwar gefordert, aber nie realisiert wurden. Seit 1990 erfordern Beschlüsse der Vertragsstaatenkonferenz eine Zweidrittelmehrheit der Parteien, die die einfache Mehrheit der Entwicklungsländer *und* die einfache Mehrheit der Industrieländer einschließen muss. Damit können beide

Seiten Beschlüsse blockieren. Ein solches paritätisches Verfahren ist ein Novum in den Nord-Süd-Beziehungen. 1994 wurde dieses Entscheidungsverfahren leicht geändert in der globalen Umweltfazilität der Weltbank eingeführt, die von der Bank zum Zwecke von Finanztransfers in den Bereichen Klima, Biodiversität, Desertifikation und langlebige Chemikalien gemeinsam mit dem Umwelt- und dem Entwicklungsprogramm der Vereinten Nationen verwaltet wird. In der Weltumweltpolitik erhielten die Entwicklungsländer damit als Gruppe zum ersten Mal ein Vetorecht über die Gestaltung von Finanztransfers des Nordens.

Die dritte institutionelle Innovation der Weltumweltpolitik betrifft die rechtlich verbindliche Regelung von Finanz- und Technologietransfers. Rechtlich verbindliche Transfers von Geld und Technologie waren eine alte Forderung der Entwicklungsländer in der Wirtschaftspolitik, doch in der Regel ohne Erfolg. Der öffentliche Nord-Süd-Transfer ist eher gesunken als gestiegen, und der Grundsatz, dass Geberländer selbst über Höhe und Verwendung der Gelder entscheiden, blieb unangetastet. Es gibt keinen rechtsverbindlichen Anspruch des Südens auf Entwicklungshilfe. Wieder unterscheiden sich die Politikergebnisse in der Weltumweltpolitik. In der Ozonpolitik forderten die Entwicklungsländer seit 1989 die Gründung eines unabhängigen Sonderfonds, durch den die Mehrkosten des Südens in der Umweltpolitik in diesem Bereich »voll kompensiert« werden sollten. Damit sollte ein eigenständiger Kanal für Nord-Süd-Finanztransfers im Umweltschutz eröffnet werden – also nicht über die von den Industrieländern beherrschte Weltbank und nicht auf dem Weg der Kreditfinanzierung. Und die den Fonds betreffenden Entscheidungsverfahren sollten »demokratisch« sein, also dem Süden paritätische Mitentscheidungsrechte über die Verwendung der Mittel zugestehen.

Im Wesentlichen wurde diese Forderung von den Industrieländern akzeptiert. 1990 beschloss die Vertragsstaatenkonferenz, einen Finanzierungsmechanismus zu schaffen, der die Entwicklungsländer für die Umsetzung des Protokolls entschädigen sollte. Dieser Mechanismus sollte mit »neuen und zusätzlichen« Mitteln die »vollen vereinbarten Mehrkosten« der Entwicklungsländer decken, die diesen durch das Protokoll entstehen. Eine Rückzahlungspflicht ist nicht vorgesehen. Die Industrieländer müssen ihre Beiträge zum Finanzierungsmechanismus über einen eigenständigen Fonds transferieren, wie von den Entwicklungsländern gefordert worden war. Grundsätzlich steht der Mechanismus unter der Entscheidungsgewalt der Vertragsstaatenkonferenz des Montrealer Protokolls.

Über die jeweiligen Stimmrechte und das Abstimmungsverfahren in diesen Fragen waren zahlreiche Varianten in die Verhandlungen eingebracht worden. Der Leiter des UN-Umweltprogramms wollte den Abstimmungsmechanismus des UN-Systems – ein Land, eine Stimme – übernehmen, und eine Sonderarbeitsgruppe plädierte für eine einfache Zweidrittelmehrheit. Beides war für die Industrieländer nicht annehmbar, da die Entwicklungsländer die Verwendung der Mittel allein hätten bestimmen können. Die USA wollten stattdessen eine »Supermehrheit«, d. h. eine Zweidrittelmehrheit der Parteien plus Berücksichtigung der Beitragszahlungen plus einen ständigen Sitz der USA – oder alles gleich der Weltbank übertragen. Dies wiederum wollten die Entwicklungsländer nicht hinnehmen. Da die Industrieländer von der Umweltpolitik der Entwicklungsländer abhingen und diese von dem Geld der Industrieländer, wurde ein innovativer Kompromiss gefunden: das paritätische Entscheidungsverfahren, das beiden Seiten als Gruppe ein Veto zugesteht und das seit 1990 für die Vertragsstaatenkonferenz gilt, wurde auch für den Ozonfonds eingeführt. Dies ist exakt der Modus, den die Entwicklungsländer in den Siebziger- und Achtzigerjahren vergeblich für die Reform des Internationalen Währungsfonds gefordert hatten.

Ökologische Interdependenz und Verhandlungsmacht von Staaten

Die Erklärung für diese Verhandlungserfolge der Entwicklungsländer liegt vor allem darin, dass die Regierungen in Nord und Süd politisch unterschiedlich vom Problem betroffen waren. Die Regierungen der Industrieländer »mussten« zum Schutz der Ozonschicht handeln, da sich im Norden das Ozonloch zu einem wichtigen innenpolitischen Thema entwickelt hatte, nicht zuletzt durch den Druck der privaten Umweltverbände des Nordens und selbst der Industrie, die Ende der Achtzigerjahre erste Substitute entwickelt hatte. Für die Regierungen der Entwicklungsländer hingegen war entscheidend, welche Kosten die Ozonschutzpolitik bei ihnen (vor allem bei ihren Wirtschaftsunternehmen) verursachen würde, inwieweit ihr aktuelles oder erhofftes Wirtschaftswachstum gebremst werden würde – und nicht zuletzt der moralische Aspekt, dass fast ausschließlich die Industrieländer für die Schädigung der stratosphärischen Ozonschicht verantwortlich waren.

Zum Teil lässt sich dies dadurch erklären, dass den Regierungen mancher Entwicklungsländer noch die Informationen über das Ozonproblem fehlten. Die Gefahr für die Ozonschicht war Mitte der Achtzigerjahre im Süden kein politisches Thema, weder innen- noch außenpolitisch. Hinzu kam, dass die großen Entwicklungsländer mit ihren personalstarken Außenministerien damals aus politischen Erwägungen heraus die Verhandlungen – so Indien – oder zumindest die Unterzeichnung des Protokolls – so China – boykottierten, da dieses in der Fassung von 1987 von ihnen als nachteilig und »ungerecht« im Hinblick auf ihre *wirtschaftlichen Interessen* eingeschätzt wurde.

So war im Norden der Bedarf an FCKW-haltigen Kühlschränken, Kühlanlagen oder Klimaanlagen weitgehend gesättigt, während die Entwicklungsländer aufgrund ihres Wirtschaftswachstums einen hohen Anstieg der Nachfrage nach diesen Gütern erwarteten. Deren Verbreitung wurde wiederum als Grundlage weiteren Wirtschaftswachstums gesehen, weil etwa Kühlanlagen als Voraussetzung der effizienten Verarbeitung und des Transports von Nahrungsmitteln angesehen wurden. Soweit die Entwicklungsländer FCKW, FCKW-haltige oder davon abhängige Produkte selbst herstellten, hätten sie einen Teil ihres Investitionskapitals für die Produktionsumstellung verwenden müssen: Deren alleiniger Nutzen – so wurde es vielfach gesehen – hätte in der Reparatur eines Umweltproblems gelegen, das vor allem durch die bisherige Wirtschafts- und Lebensweise der Industrieländer verursacht worden war. Die Entwicklungsländer fürchteten insgesamt eher Hindernisse für ihre nachholende Industrialisierung als den drohenden Ozonabbau. Diese Differenz in der Problemwahrnehmung zwischen Nord und Süd gab den Entwicklungsländern Verhandlungsmacht – sie konnten Bedingungen stellen, um sich ihre Einwilligung in die FCKW-Reduktion abhandeln zu lassen.

Gleichzeitig wuchs in den Industrieländern der öffentliche Druck auf die Regierungen, umfassende Maßnahmen gegen den Ozonabbau zu ergreifen. Das 1985 öffentlich gemachte »Ozonloch« über der Antarktis und die später festgestellte Ausdünnung der Ozonschicht über der Arktis und über Nordeuropa ließen den Schutz des stratosphärischen Ozons dort zu einem bedeutenden innenpolitischen Thema werden. In Entwicklungsländern wurde Ozonpolitik stattdessen nur von bestimmten Regierungskreisen und von durch die Regulation betroffenen Wirtschaftsbranchen wahrgenommen – diese stellten, wie zu erwarten war, ihr Interesse an der vollen Kompensation sämtlicher Mehrkosten, an möglichst günstigem Technologietransfer und an paritätischen Entscheidungsverfahren in den Vordergrund.

All dies gab den Vertretern gerade größerer Entwicklungsländer wie Indien und China beträchtliches Gewicht, als sie am

Verhandlungstisch Platz nahmen und ernsthaft über die Bedingungen eines Vertragsbeitritts verhandelten. Für diese Entwicklungsländer war die Verteilungsfrage entscheidend. Die Eliten des Südens wollten bei dem Schutz der Ozonschicht nicht die wirtschaftlichen Wachstumschancen ihrer Länder gegenüber dem Norden verschlechtern und sich einem Regelwerk unterwerfen, das vom Norden strukturell dominiert wird. Und wie die vorher erwähnte Analyse zeigte, konnten sie sich 1989/90 aufgrund ihrer Verhandlungsmacht in der Ozonpolitik in diesem Sinne durchsetzen und eine Änderung des Ozonschutzprotokolls und die finanzielle Erstattung ihrer vollen Mehrkosten durch die Industrieländer erreichen.

Klimapolitik zwischen Nord und Süd

Insgesamt standen die Verträge zum Schutz der stratosphärischen Ozonschicht in vielerlei Hinsicht Modell für nachfolgende Unterhandlungen zu anderen Problemfeldern der Weltumweltpolitik, insbesondere zur gegenwärtigen Politik zum Schutz des Weltklimas. Wieder sind die großen Entwicklungsländer wesentliche Emittenten, wieder drohen gerade die aggregierten Emissionen des Südens stark zu wachsen, wieder steht der Allokationsmodus der Klimaschutzverträge im Mittelpunkt des Nord-Süd-Konflikts. Viele Elemente der Ozonschutzverträge sind für die Klimapolitik übernommen worden – Normdifferenzierung, Erstattung der vollen vereinbarten Mehrkosten der Klimapolitik im Süden und paritätische Entscheidungsverfahren bei der globalen Umweltfazilität, durch die der finanzielle Nord-Süd-Transfer in der Klimapolitik erfolgt. Im Kioto-Protokoll von 1997 verpflichtete sich die Mehrheit der Industrieländer zu einer Verminderung des Ausstoßes von Kohlendioxid bis 2012 um 5,2% des Niveaus von 1990, während Entwicklungsländer von allen quantitativen Minderungspflichten freigestellt werden. Die weiteren

Verpflichtungen nach 2012 werden derzeit verhandelt und sind offen. Während die Europäische Union inzwischen einseitige Verpflichtungen von Minderungszielen von bis zu 30% im Verhandlungsprozess anbietet, betonen die wichtigen Entwicklungsländer wie Indien und China weiterhin, dass sie auch nach 2012 keine quantitativen Ziele annehmen werden, bis nicht vergleichbare Pro-Kopf-Emissionen zwischen Nord und Süd erreicht sind. Hier scheint sich die grundlegende Differenzierung von Pflichten, die erstmals in der Ozonpolitik eingeführt wurde, auch in der Klimapolitik fortzusetzen.

Allerdings spricht auch einiges dafür, dass Entwicklungsländer in der Klimapolitik letztlich weniger Verhandlungsmacht haben werden als in der Ozonpolitik: Die Verwundbarkeit der Entwicklungsländer dem Klimawandel gegenüber ist groß, unter anderem mit Blick auf einen steigenden Meeresspiegel sowie auf regionale Klimaänderungen, die die Nahrungssicherheit bedrohen. Dies schlägt sich zunehmend in einer *politischen* Betroffenheit der Regierungen nieder, die globale Umweltprobleme nicht mehr wie noch in den Achtzigerjahren gänzlich ignorieren können. Doch angesichts der Gefahren, die auch dem Norden drohen – zunehmende Wirbelstürme wie der häufig mit dem Klimawandel in Zusammenhang gebrachte Hurrikan Katrina in den USA sind nur ein Beispiel –, sind auch die Regierungen der Industrieländer immer stärker auf die Kooperation der Entwicklungsländer angewiesen. Wie sich die Verteilung von Lasten und Pflichten zwischen Nord und Süd in der Klimapolitik letztlich entwickeln wird, bleibt somit offen.

Karl-Markus Gauß

DREI POSTKARTEN AUS DER UMWELT

BECHER UND DECKEL. In der ersten Klasse der Volksschule erfuhr meine Tochter, dass unsere Städte inmitten von Stätten des Mülls versinken werden, wenn die Menschen nicht endlich lernen, von den Joghurt-Bechern aus Plastik die Metalldeckel abzuziehen, um den Becher sodann in den Behälter mit dem Plastikabfall, den Deckel hingegen in jenen für Metalle zu stecken. Weil sie ein gewissenhaftes Kind war und zudem mit einer Vorstellungskraft begabt, in der sie den sauren Regen und die Blechlawinen, die Müllberge und die Giftwolken bedrohlich konkret vor Augen sah, hat sie auch mich im richtigen Umgang mit Joghurtbechern samt Deckeln unterrichtet und mich so lange geduldig ermahnt, bis ich den richtigen Umgang mit diesen gewissermaßen automatisiert hatte.
Im Jahr darauf musste sie mich allerdings tadeln, dass ich noch immer damit fortfuhr, die Deckel zuerst penibel von den Joghurtresten zu säubern, dann glatt zu streichen – was gar nicht so leicht ist, neigen sie doch bekanntlich dazu, ausgerechnet dann zu reißen, wenn man sie abnimmt – und endlich zu den anderen gesäuberten und glatt gestrichenen Deckeln zu legen. Denn in der zweiten Klasse wurden die Schüler davon unterrichtet, dass das Sammeln der Deckel eigentlich überflüssig wäre und es genüge, nur die Plastikbecher zu sammeln und gesondert zu entsorgen, die Deckel hingegen einfach in den Restmüll zu werfen. Ich tat das

ungern, denn gerade das Glattstreichen der hauchdünnen Metalldeckel sowie deren platzsparende Schichtung hatten mich technisch herausgefordert und mir nach den ersten deprimierenden Erfahrungen schöne Erfolgserlebnisse beschert. Aber was soll man machen, wenn man Kinder hat, die wissen, dass sie die besten Lehrer ihrer Eltern sind und der Umweltschutz bei jedem widerspenstigen Einzelnen beginnt?

Ein Zerwürfnis trat erst ein, als im Jahr darauf das schulamtliche Kommando erteilt wurde, auch die Becher nicht mehr zu sammeln, sondern zum normalen Müll zu geben, weil das massenhafte Trennen bei diesem Objekt höhere Energiekosten verursache als das gedankenlose Wegwerfen desselben. Was heißt gedankenlos? Wer einmal, angeleitet von einem wachsamen Kind, gelernt hat, Deckel und Becher zu trennen, wirft beides zusammen nicht mehr gedankenlos weg, sondern indem er sich seine düsteren Gedanken dabei macht: Ob, was er gerade tut, auch zuträglich sei oder sich kommendes Jahr herausstellen wird, dass er, in der allerbesten Absicht, die Umwelt zu schützen, dieser womöglich wiederum fortgesetzten Schaden zugefügt hat …

Wie auch immer, während ich ab sofort folgsam die Joghurtbecher samt Deckel in den Müll warf und so verantwortungsvoll auf ein nicht geringes Vergnügen verzichtete, hat meine Tochter eine Zeit lang renitent noch das Plastik gesammelt. Wohin damit?, fragte sie einmal. Das Zerwürfnis war da, als ich antwortete: zum Altpapier.

Das war zwar unangemessen schadenfroh gemeint, erwies sich aber als geradezu prophetisch. Ein paar Jahre später entdeckten wir nämlich eine neue Marke von Joghurt, die einem, obwohl der Deckel aus Metall und der Becher aus Plastik ist, trotzdem die Chance bietet, sich umweltverträglich zu verhalten. Bei dieser Marke ist der Becher mit einem festen Papier umwickelt, auf dem das Übliche steht: Null Prozent Fett, Kohlehydrate in Spurenelementen vorhanden, Kühe nur bei zunehmendem Mond gemolken etc. Und dieses Papier hat eine leicht eingestanzte Markierung, an der man sich orientieren muss, wenn man das informative wie umweltverträgliche Stück leichterdings von seinem Becher entfernen will. Wohin damit? Zum Altpapier, natürlich. So hat der Verzehr von Joghurt doch wieder ein glückliches Ziel.

DER LAUBBLÄSER. Ich habe einen Nachbarn, der auf ganz besondere Weise zu der herrlichen Welt gehört, die mich umgibt. Er ist nicht nur ein fanatischer Grillmeister, der nachmittags im Sommer mit allen Zeichen von Gewaltbereitschaft im Garten seines Amtes waltet und dem von seinen Gästen keiner hilfreich zur Hand zu gehen wagt, weil er sie beim bloßen Versuch schon mit spitzem Grillwerkzeug fuchtelnd einzuschüchtern pflegt. Nein, er ist auch ein leidenschaftlicher Gärtner, der seinen von millimetergenau rasierten Thujen begrenzten Garten so innig liebt, dass ihm für diesen nur das Beste gut genug ist. Früher war der traktorähnliche Rasenmäher sein Stolz, und es kommt sicher selten vor, dass in einem so kleinen Garten in einem so ruhigen Wohnviertel ein so großes Gefährt, das solchen Lärm macht, Verwendung findet. Ich habe den Nachbarn, der ein gesetzestreuer Mensch ist, immer im Verdacht gehabt, dass er um Punkt zwölf von seinem Rasenmäher steigt, den Motor laufen lässt und sich bis zwei Uhr aus Gründen der Mittagsruhe im Haus aufhält, um exakt um 14 Uhr wieder vier Meter geradeaus und dann zwei Meter nach links zu fahren, wo ihm die Silbertanne den Weg versperrt.
Letztes Jahr aber hat er sich etwas Neues angeschafft, und eine Zeit lang haben wir uns in alter Rivalität nicht aus den Augen gelassen. Ich schaute hinter dem Vorhang meines Arbeitszimmers fasziniert in den Nachbargarten hinüber, von wo er verstohlen und triumphierend zugleich herüberlugte. Seine Neuerwerbung sieht ein bisschen aus wie ein Staubsauger, aber sie saugt nicht, sondern bläst. Mit diesem Staub-

sauger, der die Dinge nicht einsaugt, sondern vor sich her bläst, schreitet er seither täglich einmal auf dem Gehsteig die Grenze seines Grundstücks ab und mehrmals in der Woche in seinem Garten herum. Das Gerät gibt ein durchdringendes Tuten von sich, nicht unähnlich dem einer Schiffssirene, nur ist dieses Tuten lang anhaltend, genau genommen hält es so lange an, bis man den ganzen Apparat, der mit seinem Tuten und Blasen identisch ist, abschaltet.
Nun kauft aber niemand ein Gerät, um es abzuschalten, er kauft es, damit er es einschalten und arbeiten kann. Bei diesem besteht die Arbeit darin, das Laub, das auf der Straße oder dem Rasen liegt, tutend vor sich herzublasen (man verstehe das alte geflügelte Wort, wonach einer von Tuten und Blasen keine Ahnung habe, im Lichte technischer Innovationen neu), das sieht witzig aus und verfolgt den Zweck, an einer bestimmten Stelle alles Laub auf einen Haufen geblasen zu haben und Straße wie Garten frei davon zu sehen. Der Laubhaufen kann dann mittels eines Rechens auf eine Schaufel und von dort in den dafür vorgesehenen Behälter befördert werden. Warum man das Laub im Garten nicht gleich mit einem Rechen und auf dem Gehsteig mit dem Besen aufhäuft? So fragen, heißt nichts verstehen.
Der Garten ist ein Stück Natur, dessen sich der Gärtner in der Stadt erfreuen will. Aber die Natur an und für sich erfreut ihn nicht, denn schließlich sind wir alle ökonomische Wesen, was nicht bedeutet, dass wir mit dem, was wir haben, sparsam wirtschaften, sondern dass wir unseren Platz in der Umwelt finden, indem wir uns in den ökonomischen Kreislauf begeben. So gesehen ist es paradoxerweise notwendig, die Natur zu motorisieren, um zu ihr zu gelangen: sei es, dass wir mit dem Auto immer weiter hinaus ins Gelände fahren, um endlich in der Einschicht anzukommen, sei es, dass wir sie mit Rasenmäher oder der Schiffssirene namens Laubbläser traktieren, bis wir uns in ihr wiedererkennen können. In einer entwickelten Gesellschaft ist ein hoher Aufwand an

Energie vonnöten, um zur Natur zu gelangen, das heißt: dass aus der Natur unsere Umwelt werde.

DAS ZIMMERFAHRRAD. Im Einkaufszentrum am Stadtrand traf ich kürzlich einen Bekannten. Er war, so wie ich, mit dem Auto herausgefahren und dann von der Tiefgarage mit dem Lift in den zweiten Stock in die Abteilung für elektronische Sport- und Unterhaltungsgeräte gelangt. Von der Rolltreppe ließen wir uns, um ein wenig miteinander plaudern zu können, in den illusionistischen Innenhausgarten (beim ersten Mal habe ich Irrenhausgarten getippt) des bekannten Restaurants bringen, wo er zu seinem frisch gepressten, naturtrüben Fruchtsaft einen vegetarischen Diätfitnesshamburger zu sich nahm. Mein Bekannter wollte ein Zimmerfahrrad kaufen, das er dann mit dem Auto heimbringen würde. Er erzählte, das Fahrrad im Fernsehzimmer aufstellen und sich die Langeweile, die das Treten im Stand und im eigenen Zimmer mit sich bringe, dadurch vertreiben zu wollen, dass er sich fahrend endlich Naturfilme aus der beliebten Fernsehserie »Das Universum« anschauen werde, die er anzusehen viel zu selten dazukomme, weil er für die Bewegung und die Natur fast keine Zeit mehr habe.
Ich dachte an diesem für unsere Epoche repräsentativen Ort ein wenig über das Verhältnis von fremder und eigener Energie nach und kam dahinter, dass ziemlich viel fremde Energie verbraucht werden musste, bis mein Bekannter überhaupt vor dem Gerät zu stehen kam, das er zum spezialisierten Verbrauch seiner eigenen nützen will. Wer wäre auch so blöde und würde mit dem Fahrrad in ein Geschäft fahren, in dem er ein Zimmerfahrrad zu erwerben trachtet! Oder zu Fuß die Treppen in ein Restaurant im dritten Stock hinaufgehen, in dem man ein Diätfertiggericht verzehren wird!
Überall werden wir mit Angeboten konfrontiert, fremde Energie statt der eigenen aufzuwenden. Zur Strafe hat die Kulturindustrie über uns verhängt, spezielle Apparate zu er-

werben oder zu mieten, mit denen wir in geschützten Räumlichkeiten eigene Energie als Selbstzweck – nicht also damit wir uns von hier nach dort verfügen – abschwitzen können. So sind wir im Alltag vollauf damit beschäftigt, als Zubehör von Maschinen zu funktionieren, die wir um unser eigenes Geld erstehen mussten und die uns in einen Zustand bringen, dem wir in der Freizeit mit anderen, eigens dafür hergestellten Maschinen abhelfen müssen. Noch nie war so viel Technik vonnöten, wurden so viele Maschinen verkauft, um Natur zu erzeugen oder uns zu ermöglichen, unter geradezu experimentellen Bedingungen natürliches Verhalten zu erproben.
Ein anderer Bekannter, der häufig Fitnessstudios frequentiert, hat mir erklärt, das Laufen auf dem Laufband sei für ihn das eigentliche, das wahre Laufen, weil es nichts als dieses bedeute und keinem primitiven Nutzstreben diene; man läuft und läuft und läuft auf der Stelle, gelangt nirgendwo hin, wird dabei von einer regulierbaren Maschine angetrieben, für die man bezahlen muss, und erlebt das Laufen als geradezu philosophischen Extrakt zweckfrei-sinnloser Bewegung.

Roman Kellner

DER APPLAUS BLEIBT AUS

Gedanken wider den Machbarkeitswahn

Hoch lebe der Mensch! Das muss man einmal schaffen: Eben noch eine Art unter vielen und plötzlich, einen evolutionshistorischen Wimpernschlag später, verkörpert er die Krone der Schöpfung. Und das vermutlich aus eigener Kraft! Kaum steht er auf den eigenen zwei Füßen, hat er sein Leben schon in die dafür geeigneten Hände genommen. Gerade einmal sechs Millionen Jahre ist das her – aus erdgeschichtlicher Perspektive: gestern.

Aber jetzt geht die Erfolgsgeschichte Mensch erst so richtig los: Er lernt, Steine, Muscheln und Stöcke als Werkzeug zu nutzen und schließlich gezielt zu verändern. Das Ganze bleibt nicht unkommentiert, die dazu notwendige Fähigkeit zum Sprechen hat er ja. Dann kriegt er die Sache mit dem Feuer in den Griff. Er verlässt seine Heimat Ostafrika und besiedelt neue Kontinente. Schließlich lernt er, andere Arten zu halten und die Erde zu bestellen. Schon klar, da liegen ganz ordentliche Zeiträume dazwischen, aber evolutionsgeschichtlich ist es Schlag auf Schlag passiert.

Und dabei war das erst der Anfang: In den vergangenen paar hundert Jahren zeigte der Homo sapiens sapiens, was wirklich in ihm steckt. Straßen und Kanäle, landwirtschaftliche Nutzflächen und Städte – die Erde bekommt einen anthropologischen Stempel aufgedrückt. Schließlich erobert der Mensch sogar die Lüfte, Maschinen prägen seine Lebenswelt,

Kommunikation emanzipiert sich von räumlichen und zeitlichen Beschränkungen. Das Ganze geht einher mit einem fast explosionsartigen Wachstum der Erdbevölkerung.

Keine Frage, das – aus biologischer Sicht – »Mängelwesen Mensch« (Johann Gottfried Herder) hat sich mit der Kultur einen brauchbaren Ersatz geschaffen. Seine »Institutionen-bedürftigkeit« (Arnold Gehlen) hat er genutzt, um etwas Beeindruckendes aufzubauen. Der »Organersatz« Technik hat sich bewährt und dem Menschen zu einem kometenhaften »Aufstieg« verholfen. Wir sind so viele wie nie, so sichtbar wie nie, so groß wie nie, so hell wie nie, so schnell wie nie, so laut wie nie, so tief wie nie, so hoch wie nie – kurz: Wir sind toll!

Doch wo bleibt eigentlich der Applaus? Lauscht man ein wenig hinter die eigene Euphorie, herrscht Grabesstille. Keine andere Spezies – ob Pflanze oder Tier – wird mitjubeln, und auch die künftigen Menschen-Generationen schweigen. Kein Wunder, sie sind es, auf deren Schultern unser »Erfolg« baut. Tatsächlich agieren wir, als wären wir alleine auf der Erde, als müssten wir jenen, die mit uns leben, nichts abgeben, und jenen, die nach uns kommen, nichts hinterlassen.
Hier nur ein paar Beispiele aus einer beliebig verlängerbaren Liste.

- Drei Viertel der weltweiten Fischbestände sind nach Angaben der UN-Welternährungsorganisation FAO »komplett ausgebeutet«, »überfischt« oder »erschöpft«. Rund 90 Prozent der großen Räuber, das sind gleichzeitig die Lieblingsspeisefische wie Kabeljau, Thunfisch oder Lachs, sind durch das Einwirken des Menschen aus den Meeren bereits verschwunden.
- Täglich gehen weltweit etwa 20.000 ha Wald verloren, zweimal die Fläche von Paris.

- Es gibt wohl keinen Ort mehr auf der Erde, wo sie nicht nachweisbar sind: Umweltgifte. Sogenannte POPs (Persistent Organic Pollutants) sind das vielleicht unsichtbarste Abfallprodukt unserer Art zu leben. Gefährliche chemische Substanzen finden sich in der Nahrungskette der Inuit genauso wie in der Muttermilch der Österreicherin, im abgelegenen Gebirgssee ebenso wie im Tiefseefisch.
- Über 400 Atomkraftwerke weltweit produzieren Tag für Tag Abfälle, die noch viele tausend Jahre eine Gefahrenquelle bleiben. Ein Geschenk an Hunderte, wenn nicht Tausende Generationen nach uns.
- Es wird einsam auf dem Planeten: Das Artensterben beschleunigt sich auf dramatische Art und Weise. Der Mensch rottete schon immer einzelne Arten aus, aber indem er zunehmend mehr Lebensräume zerstört, treibt er den Verlust an Biodiversität noch schneller voran.
- Der Klimawandel – medial endlich entdeckt, aber längst noch nicht in den Köpfen angekommen – droht alles, woran wir gewohnt sind, in Frage zu stellen.

Die Menschheit hat den Bogen überspannt, sie stößt an Grenzen. Die Erkenntnis ist nicht ganz neu, aber die Warner ernteten meist nur Hohn und Spott. Dennis Meadows machte beispielsweise schon 1972 in der Studie »Die Grenzen des Wachstums« auf den Systemcharakter der Erde aufmerksam. Jedes Wachstum in einem endlichen System hat natürliche Grenzen. Das Team um Meadows verlängerte in Computermodellen verschiedene Wachstumskurven (Bevölkerungsanstieg, Ressourcenverbrauch ...) und setzte sie zueinander in Beziehung. Für all jene, die das Buch, ohne es je gelesen zu haben, als Beispiel für falsche Prognosen hernehmen: Die Studienautoren sagen den Zusammenbruch des Systems bei unveränderten Wachstumstrends für den Zeitraum 2015 bis 2040 voraus, und bisher bestätigen sich praktisch alle Kurven und Szenarien auf erschreckende Weise.

Ein relativ aktuelles Denkmodell, anhand dessen man ablesen kann, dass es so nicht weitergehen kann, ist jenes vom »ökologischen Fußabdruck«. Das 1994 von Mathis Wackernagel und William E. Rees entwickelte Konzept berechnet die Fläche auf der Erde, die notwendig ist, um den Lebensstil und Lebensstandard eines Menschen dauerhaft zu ermöglichen. Es beinhaltet die Quadratmeter, die zur Produktion seiner Nahrung und seiner Kleidung benötigt werden, genauso wie jene zur Bereitstellung der von ihm verbrauchten Energie, zum Binden des vom Menschen freigesetzten Kohlendioxids oder zum Abbau des von ihm erzeugten Mülls. Bei der derzeitigen Bevölkerungsentwicklung stehen jedem Erdenbürger 1,8 ha zur Verfügung, tatsächlich beträgt der durchschnittliche globale Verbrauch aber schon 2,2 ha. Die 23 Prozent, die wir über der verfügbaren Fläche liegen, sind bereits Fixkapital, das wir anknabbern, sprich: die Lebensgrundlage anderer Erdenbewohner und der künftigen Generationen. Wenig überraschend, dass der Flächenverbrauch global betrachtet sehr unterschiedlich verteilt ist. Während ein Inder im Schnitt mit 0,7 ha das Auslangen findet, braucht ein Österreicher durchschnittlich 4,6 ha. Oder anders gesagt: Würden alle so leben wie wir, bräuchten wir bereits drei Erden.

Was ist da passiert? Wie konnten wir das zulassen? Wie konnten wir so blind sein?

Ursachen und Erklärungen dafür gibt es viele, einige betrachten den Menschen gar als »Irrläufer der Evolution« (Arthur Köstler). Auf alle Fälle aber besteht ein Zusammenhang zwischen den Handlungen, die der Mensch setzt, und dem Bild, das er von sich und seiner Umgebung konstruiert. »Homo eigentlich gar nicht so sapiens« hat seine ellbogenunterstützte Dominanz immer auch gedanklich gerechtfertigt.

Unabhängig von den großen anthropologischen Kränkungen (Kopernikus: Die Erde ist mitnichten der Mittelpunkt der Welt;

Darwin: Wir sind ein Produkt der Evolution wie jede andere Spezies auch; Freud: Angesichts der menschlichen Triebe ist es mit dem freien Willen nicht allzu weit her), die den Menschen vom hohen Ross des Auserwähltseins stießen, gab es auch eine Entwicklung, den Menschen immer unabhängiger und selbstbestimmter zu betrachten. Wir sind vielleicht nicht auserwählt, auch nicht von einem Gott geschaffen, aber dank unserer Kultur von den natürlichen Gegebenheiten irgendwie losgelöst – so die gängige Vorstellung. Der Gedanke ist ja sogar nachvollziehbar: Die Menschen haben gelernt, sich besser vor Naturgewalten zu schützen, sie fürchten Blitz und Donner nicht länger, sondern können sie physikalisch erklären, ein Großteil der Erdbewohner bestellt auch nicht mehr selbst Felder, sondern kauft im Supermarkt ein. Und unsere Umgebung ist vom Menschen gestaltet, bar jeder Wildheit.

Doch der Schein trügt: Was auf unseren Tellern landet, mag seltsam aussehen und viele Produktionsprozesse durchlaufen haben, aber es ist dennoch auf natürliche Ressourcen zurückzuführen. Selbst Kartoffelchips bestehen letztlich aus Kartoffeln. Von Geschmacksverstärkern kann man nicht leben, und selbst die sind, zwar nicht naturbelassen und selten gesund, letztlich doch natürlich.
Wenn wir das Haus verlassen, treten wir vielleicht auf Beton und nicht auf Waldboden, aber wir sind dennoch auf saubere Luft angewiesen. Die Idee, Technik, artifizielle Umgebung und menschliche Kreativität könnten das »Natürliche« ersetzen, ist ein fataler Irrtum. Der Mensch kreiert Neues, aber jeder seiner Bestandteile stammt aus dem »Natürlichen«, der Mensch synthetisiert nur, was er vorfindet. Er schafft eine Welt aus Plastik, aber das Plastik wird aus Öl hergestellt, und das Rohöl, das er aus der Erde holt, ist nichts anderes als über viele Millionen Jahre abgelagertes organisches Material – und nur in begrenzter Menge vorhanden. Wer Kultur als völlig eigenständige und von der Natur losgelöste Entität

betrachtet, sehe sich einmal an, woher die Inspiration für die großen Erfindungen, Fortschritte in der technologischen Entwicklung, kommt. Von Leonardo da Vincis Vogelflugstudien über die Erfindung des Reißverschlusses nach dem Vorbild von Kletten bis zur modernen Wissenschaft Bionik dient die Natur als Quelle und Ideenlieferant für technische Erfindungen. Wir sind keinen Deut unabhängiger von der Natur als zu früheren Zeiten – vielleicht von ihren Launen, nicht aber von ihren Ressourcen.
Der Mensch lebt in einer Kulturblase, die ihn blind macht für seine Abhängigkeit von den natürlichen Gegebenheiten und damit von den Grenzen. Wir klammern die Natur und das Natürliche aus. Selbst unabänderliche biologische Prozesse wie Geburt, Altern oder Tod werden in »zivilisierten« Gesellschaften hartnäckig verdrängt und unsichtbar gemacht.

Das alles wäre eine akademische Gedankenspielerei, wenn die Ignoranz der Grenzen nicht so fatale Folgen hätte: Die leeren Meere, die Ausbreitung der Wüsten, der Verlust an Arten, die Erwärmung der Erdatmosphäre – das alles fällt auf uns zurück. Unser Kulturpanzer ist hart, aber er bekommt Sprünge.
Was also tun? Und hier kommt die gute Nachricht: Mit der Erkenntnis um die Krise wächst auch die Zahl der Lösungsansätze. Kluge Menschen haben längst Ideen erarbeitet, wie die menschliche Gesellschaft wieder zu Maß und Ziel zurückfindet.
Der Philosoph Hans Jonas zum Beispiel schreibt von der »Schicksalsgemeinschaft von Mensch und Natur« und erweitert Kants kategorischen Imperativ um eine ökologische Dimension: »Handle so, dass die Wirkungen deiner Handlung verträglich sind mit der Permanenz echten menschlichen Lebens auf Erden.« Oder anders: Tu nichts, wovon du nicht halbwegs sicher sagen kannst, dass es künftige Generationen nicht gefährdet. Jonas meinte übrigens auch, es sei besser,

etwas furchtsam auf schlechte Prognosen zu hören und damit übervorsichtig zu sein, als mit vagen Hoffnungen einzufahren.
Auch der Ökonom Ernst Friedrich Schumacher hat über 30 Jahre nach Erscheinen seines Buches »Small is beautiful« nichts an Aktualität eingebüßt. Tatsächlich ist nur eine »Rückkehr zum menschlichen Maß« ein Garant dafür, dass es für uns überhaupt eine Zukunft gibt.
Und schließlich haben wir mit dem Vorsorgeprinzip und dem Nachhaltigkeitsmodell durchaus politiktaugliche Konzepte, wenn sie denn berücksichtigt würden. Bei Ersterem geht es darum, im Zweifel (und bei fehlendem Wissen) Risiken oder Gefahren zu meiden. »Vorsicht ist besser als Nachsicht«, weiß schon der Volksmund. Und in der Agenda 21 der *UN-Konferenz für Umwelt und Entwicklung* (UNCED) von 1992 heißt es: »Bei Maßnahmen, die sich auf komplexe Systeme beziehen, die noch nicht voll verstanden worden sind und bei denen die Folgewirkungen von Störungen noch nicht vorausgesagt werden können, könnte der Vorsorgeansatz als Ausgangsbasis dienen.« Also: Wer glaubt, er könne eine gentechnisch veränderte Pflanze freisetzen, ohne vorher ernsthaft alle Wechselwirkungen geprüft zu haben, wird zurückgepfiffen.
Und über den Begriff Nachhaltigkeit steht schon im EU-Brundtland-Bericht aus dem Jahr 1987: »Entwicklung zukunftsfähig zu machen, heißt, dass die gegenwärtige Generation ihre Bedürfnisse befriedigt, ohne die Fähigkeit der zukünftigen Generation zu gefährden, ihre eigenen Bedürfnisse befriedigen zu können.« Das wäre es schon, mehr braucht es nicht, man muss sich nur noch daran halten.

So, und was hat das alles nun mit dem Titel dieser Anthologie zu tun? »Macht Um Welt« – es geht um Macht, aber vor allem um Machbarkeit. Ja, der Machbarkeitswahn muss ein Ende haben. Nicht alles, was geht, muss auch erlaubt sein oder gemacht werden. Nein, es ist keine Kritik am »Machen« an sich. Im Gegenteil, wir brauchen die Macher, wir brauchen sie aber auf der richtigen Seite und mit der richtigen Intention.

Und vielleicht müssen wir unser Bild von »Machern« korrigieren. Noch immer erfüllt uns das Macher-Image gegen die Natur mit Ehrfurcht. Der Natur *ringen* wir Land *ab*, Energie *gewinnen* wir, wir *kämpfen* gegen die Widrigkeiten der Natur usw.

Was es aber braucht, sind die harmonischen, sanften Herangehensweisen: Natur *schützen, bewahren* und *behüten* ist nicht nur was für Weicheier. Wir müssen weg von der Idee, dass der sanfte Umgang mit Natur etwas mit Passivität zu tun hat. Bei Windkraft spricht man auch vom *Ernten* von Energie. Sind die Ökopioniere mit ihren Windrädern etwa keine Macher?

Wohlgemerkt: Es geht hier nicht um Fortschrittsfeindlichkeit, sehr wohl aber um die Frage: »Wohin schreiten wir fort?« Es geht auch nicht um blindes Maschinenstürmen, sehr wohl aber um ein Hinterfragen von Technik und ihrer Handhabbarkeit. Und schon überhaupt nicht geht es um Konservativismus: Wer ist konservativ? Jener, der den raschen Zug in den Untergang in Fahrt wissen will, oder jener, der neue, sanfte Wege beschreiten will?

Es gilt, all jene, die nicht applaudieren können, wieder mit ins Boot zu holen. Das heißt aber, keine Technologie einzusetzen, die mehr Generationen strahlende Fässer hinterlässt, als seit Erfindung des Ackerbaus gelebt haben. Das heißt nicht, gentechnisch veränderte Pflanzen in die Natur zu entlassen und dann im Nachhinein festzustellen, dass man sie vielleicht auch auf ihre Wechselwirkungen hin hätte testen müssen. Das heißt, Ökosysteme zu erhalten und dort, wo sie gefährdet sind, Bedingungen zu schaffen, dass sie sich wieder regenerieren können.

Aktiv ist gut! Gestalten auch! Aber welche Gestalt schwebt uns vor? Wo sind die langfristigen Pläne? Wo ist die Meta-Strategie: Wo stehen wir – wo wollen wir hin – und wie kommen wir dorthin? Der Menschheit ist die Möglichkeit, innezuhalten, abhanden gekommen. Der Mensch muss dezenter werden, leiser treten, dem Rest der Welt mehr Platz überlassen und damit selbst auch wieder mehr Möglichkeiten bekommen.
Wir brauchen die Kreativen, wir brauchen die Visionäre, und, ja, wir brauchen die Macher. Was wir nicht brauchen, sind jene, die glauben, mit den Lösungen von gestern die Probleme von morgen zu lösen. Was wir nicht brauchen, sind jene, die Wachstum zum Selbstzweck erheben. Der Soziologe Gerhard Schulze beschreibt in seinem gescheiten Buch »Die beste aller Welten« sehr schön das Steigerungsdenken als Antwort auf ein existenzielles Gefühl der Leere. Es gibt eine Richtung vor und damit Orientierung und eine Ablenkung von der schmerzhaften Sinnfrage. Wenn wir eine Zukunft haben wollen, werden wir nicht darum herumkommen, uns als Menschheit die Sinnfrage zu stellen.

Carsten Zimmermann

RAUMGREIFEN UND RAUMGEBEN

Für eine Ethik des Seinlassens

Der westliche Lebensstil ist ein Exportschlager. Immer mehr Menschen und Gesellschaften weltweit übernehmen ihn, sehen in ihm die begehrenswerte und überlegene Art zu leben. Er kann für sich in Anspruch nehmen, durch seine enorme Produktivität die ökonomische Basis für die Existenz so vieler Milliarden Menschen geschaffen zu haben. Er ist ein expandierendes Unternehmen mit einer beispiellosen Erfolgsgeschichte. Ähnlich wie *Microsoft* ist er inzwischen allgegenwärtig. Wem die Begeisterung für ihn abgeht, der ist naiv oder gefährlich, aber in jedem Fall auf der Seite der Minderheit, die den Kürzeren ziehen wird. Der *Erfolg* spricht für sich selbst. Anderthalb Milliarden Chinesen können nicht irren, noch mehr Milliarden zufriedene Coca-Cola-Trinker können nicht auf dem Holzweg sein.

Eine mögliche Gegenrechnung liefe unter dem Stichwort Destruktivität. Das zwanzigste Jahrhundert, das der technologisch orientierten Massengesellschaft endgültig zum Durchbruch verholfen hat, war zugleich eine Epoche beispielloser Kriege und hat die Menschheit durch die inzwischen zwar schlummernde, aber keineswegs bewältigte Gefahr eines Atomkrieges an den Rand der größten denkbaren Katastrophe gebracht. Hinzu kommt die globale Umweltzerstörung. Seit einiger Zeit taucht sie wieder vermehrt in den Nachrichten auf. Wir starren gebannt auf den Bildschirm und verfolgen,

ob es mit ihr nun schlimm, sehr schlimm oder katastrophal werden wird. Das Erfolgsprinzip, das im wirtschaftlichen und privaten Bereich so hervorragend funktioniert, wird sich auf das Ganze der Menschheit gesehen doch nicht etwa ins Gegenteil verkehren.
Die alten, wirtschaftlich so unterlegenen Hochkulturen einschließlich der mittelalterlichen in Europa würden den blinden Fleck des modernen Lebensstils klar sehen. Sie würden sagen, dass der Einzelne dann, wenn er etwas *sein* will, was er nicht ist, rücksichtslos wird und sich und anderen schadet, weil er damit aus der Ganzheit ausschert und das Gute, das im Sein liegt, missachtet. Ihnen ging es um das Sein und dessen Gegenteil, das, was nur zu sein *scheint*, das Imaginäre. Doch der westliche Lebensstil ist historisch eben durch eine Verlagerung vom Sein zum Werden in Gestalt des technologisch orientierten Handelns entstanden. Er hat das Imaginäre als *Zweck* oder *Bedürfnis* gegenüber dem Sein aufgewertet und betrachtet das Sein nicht mehr als Selbstzweck, sondern als *Ressource*. Zumindest in seiner aggressiv kapitalistischen, amerikanisierten Ausrichtung ist der westliche Lebensstil der erste, der auf Ideen des Seins, des Geistes, der Ganzheit und auf eine Ethik der *Rücksichtnahme* fast vollständig verzichtet. Er favorisiert stattdessen den materiellen *Erfolg*, sei es als technische *Errungenschaft*, als *Konsum* oder als schlichter Geldgewinn. Ich möchte im Folgenden versuchen, einen Blick auf den blinden Fleck und somit die imaginäre Struktur des Individuums zu werfen, das den westlichen Lebensstil mitträgt. Denn die Frage ist weniger, was wir tun müssten, um den Planeten Erde vor weitreichender Zerstörung zu bewahren, als warum wir es nicht tun. Wie kann sich im Einzelnen eine kulturelle Form der Rücksichtslosigkeit etablieren, die Ausbeutung und Zerstörung im globalen Maßstab als akzeptabel erscheinen lässt?
Auf eine handliche Formel gebracht, lassen sich drei fundamentale Ebenen unserer Erfahrung ausmachen: die Ebene der

Sinne, die Ebene des symbolischen Prozesses und der Geist. Die Sinne sind, bevor wir aus ihnen ein Mittel zum Zweck der Erkenntnis machen, ein Aufblühen unserer Existenz in ganz unmittelbaren, nicht reduzierbaren Qualitäten. Dieses Aufblühen ist ein durch den Verstand nicht einholbares, von Moment zu Moment erneuertes Wunder. Die zweite Ebene ist der symbolische Prozess, der nicht nur kognitive, sondern zugleich emotional besetzte Prozess der Sinnbildung, durch den wir das momentane Aufblühen der Sinne hinüberführen und einordnen in einen Nexus von als mehr oder minder dauerhaft erlebten *Bedeutungen*. Der symbolische Prozess ist *zeitlich*, er spannt, durch den Rückgriff auf vergangene Erfahrungen und durch Erwartungen an die Zukunft, also durch Formen der *Imagination*, den Zeitrahmen auf, in den die *gemachte* Erfahrung als die nun nicht mehr rein sinnliche, sondern der symbolischen Ordnung unterworfene Gegenwart einsortiert wird. Dieser Prozess ist nicht bloß individuell, sondern weitgehend sozial; er besteht und wird bestätigt im Austausch zwischen vielen vergesellschafteten Individuen. Damit ist er zugleich die Basis der *Geschichte*, sofern darunter nicht allein eine Folge von Ereignissen verstanden wird, sondern der ausufernde Prozess der Sinnbildung und der kulturellen Praktiken, durch den der Mensch sich nicht allein orientiert, sondern auch eine symbolische Identität entwickelt und behauptet. Denn Selbst und Welt hängen auf der symbolischen Ebene eng zusammen; der »äußere« Geschichtsprozess und das »innere«, symbolische Selbstsein sind direkt miteinander verknüpft. Die dritte Ebene, der Geist, ist hingegen nicht symbolisch und damit auch nicht geschichtlich, sondern ganz gegenwärtig: Geist ist *bewusstes Sein* oder die Tatsache, dass wir Bewusstsein *sind* und nicht nur wie eine gegenständliche Eigenschaft *haben*. Der Geist ist zunächst nichts Konkretes, keine symbolische Wesenheit, sondern eine Offenheit für alles Erscheinen, für das Aufblühen der Sinne wie auch für den symbolischen Pro-

zess. Er ist des Weiteren das, wodurch geistige Qualitäten wie Schönheit und Liebe in unser Dasein treten und wodurch uns eine Intuition jener Gegenwartstiefe zukommt, die man einmal als »Gott« angesprochen hat. Je ausschließlicher wir uns indessen für eine symbolische Entität halten, desto mehr verdunkelt sich dieser Umstand. Je mehr die Aufmerksamkeit sich exklusiv im Denken und Imaginieren verliert, desto mehr scheint das Bewusstsein im symbolischen Prozess impliziert zu sein oder in ihm aufzugehen, desto mehr scheint sich die ursprüngliche Offenheit des Geistes und auch der Sinne zu schließen. Dies hat dazu geführt, dass in der neuzeitlichen Philosophie das Denken und das Bewusstsein sehr oft gleichgesetzt worden sind und dass schließlich der Geist als selbstständige Realität im Menschen geleugnet worden ist. Seither sind gemeinsam mit der Entstehung der technologisch orientierten Massengesellschaft Formen des symbolischen Selbstseins leitend geworden, die zunehmend weniger Rücksicht auf die Realitäten sowohl der Sinne als auch des Geistes nehmen und sich stattdessen der Zukunft, also dem Imaginären, zum Beispiel angestrebten Erfolgen oder Befriedigungen, zuwenden. Genau an diesem Punkt hat sich unsere kulturelle Entwicklung vom Kern der alten Hochkulturen verabschiedet, nämlich von der Einsicht in die Realität des Geistes und, damit verknüpft, in die imaginäre und daher irreführende Natur des *Eigennutzes*.
Wenn sich im Menschen der Überlebenstrieb in die symbolische Ordnung einspeist, erzeugt er das Bedürfnis nach *symbolischer Dauer*, nach Geltung und Macht – nach Eigenschaften, die man, wie alle symbolischen Zuschreibungen, nicht sein, sondern nur *haben* kann. Im Kern mündet die Furcht vor dem Tode in das Bestreben, zukünftige Zeit zum Leben zu haben, um sie mit Erfolgen welcher Art auch immer anzufüllen. Was da als Überlebenwollendes in die Zukunft projiziert wird, ist aber nicht die gegenwärtige *Realität* des Menschen, sondern ein imaginäres, symbolisches Selbst, das

er nun *sein* und als welches er *dauern* will. Dieses Selbst impliziert also immer eine Fixierung auf die Zukunft, auf die *Möglichkeit* des Überlebens und des Eigennutzes, und damit einen Zug ins Irreale und eine Entfremdung vom Unmittelbaren, von Geist und Sinnen. Je stärker die Identifikation mit dem symbolischen Selbst, desto stärker wird deren ursprüngliche Offenheit als bloße Leere wahrgenommen, als Langeweile, Entzug, Bedeutungslosigkeit, in letzter Konsequenz als Todesbedrohung, die das fragile Dasein der symbolischen Entität untergräbt. Die Reaktion hierauf ist Rastlosigkeit und eine nochmals gesteigerte mentale und physische Aktivität – was einerseits als Jagd nach Erfolgen erscheint, erweist sich andererseits als Flucht. Was dabei verloren geht, ist die *Fühlungnahme* mit der Realität, die nur in der Unmittelbarkeit der Begegnung und des *Gegenwärtigseins* stattfinden kann. Dieser Verlust verändert den Wirklichkeitsbegriff fundamental. Er eliminiert aus ihm immer mehr das Grundvertrauen und die *Herzlichkeit.* Und je mehr die unmittelbare Befriedigung der Herzlichkeit verloren geht, umso mehr wird in der symbolischen Ordnung nach Surrogaten gesucht.

Diese Tendenz birgt die Gefahr des *Wirklichkeitsverlusts* des Individuums wie ganzer Gesellschaften. Die alten Hochkulturen haben darauf mit Ethiken reagiert. Der moderne Lebensstil nutzt ihn stattdessen als Motor für seine entfesselte Produktivität. Im Rahmen seiner Entstehung wurde eine Konstruktion des Selbstseins leitend, die Subjektivität überhaupt nicht mehr mit dem Geist oder mit der leibseelischen Ganzheit des Menschen, sondern nur noch mit dem *Haben* von symbolischen Inhalten und mit dem *Verfügen* über sie identifiziert – kurz, mit dem *Denker* oder dem Wissenden. Damit einher ging eine Umdefinition von Erfahrung, die weitgehend von der Sinnlichkeit gelöst wurde. Erfahren wurde jetzt eine materielle, *funktionale* Realität angeblich *vermittelst* der Sinne, unter *Absehen* von ihren qualitativen Aspekten, die als bloß sekundäre Qualitäten abgewertet wurden. *Wirklich* im letzten Sinne sollte nur noch sein, was sich mathematisch beschreiben und in technische Funktionszusammenhänge einbinden ließ. Die Welt wurde zum *Material*, zunächst der Erkenntnis und dann der technischen Verwertung. Auf diese Weise wurde der Denker, der Gedanken-Haber, zum *Machthaber* und *Technokraten*, der sich durch die Realisierung von abstrakten Konzeptionen am Material der Welt bestätigt, und schließlich, bei erfolgreicher Transformation der natürlichen Umwelt, zum *Verbraucher*. Von seiner inneren Offenheit, vom Geist, will ein Machthaber und Verbraucher nichts wissen. Wenn er die Welt als sein Material ansieht, dann will er in ihr *raumgreifen*, zum Beispiel als *Manager, Ingenieur* oder *Tourist*. Er ist nach außen gerichtet, aber auf ein projiziertes, symbolisches, zukünftiges Außen, das sein Verfügenkönnen immer neu bestätigen muss. Je mehr er *bedeuten* will, desto mehr Unruhe, Gewalt und Gier kommt in sein Leben, desto blinder wird er für den Wert dessen, was ihm unmittelbar vor Augen liegt, denn dieser Wert liegt nicht in symbolischen Zuschreibungen und kann daher auch nicht gemacht oder vereinnahmt werden.

Mit der technologischen Revolution bringt die symbolische Ordnung eine ganz eigene Gegenstandswelt hervor und erzeugt damit ein neuartiges bestärkendes Feedback für den Machthaber, eine »zweite Natur« der technisch und industriell erzeugten Dinge. Die Idee der *Machbarkeit* erfährt einen gewaltigen Aufschwung; es scheint für sie kaum noch Grenzen zu geben. Im Unterschied zu Naturwesen, denen stets ein dem menschlichen Verfügen nicht gänzlich unterwerfbares Eigenleben anhaftet, sollen sich die Geräte und Konsumartikel, mit denen wir zusammenleben, ganz und gar unserer Verfügungsgewalt anschmiegen. Diese Entwicklung ist nicht möglich gewesen ohne die Produktion einer sehr weitgehenden symbolischen *Fremdheit*. Ich kann nur besitzen und beherrschen und nur über das verfügen, was ich nicht bin oder worin ich nicht aufgehe. Ich muss Fremdheit und Differenz hervorbringen und das Fremde und von mir Verschiedene in einem sekundären Akt vereinnahmen. Diese Idee der Fremdheit oder der gegenständlichen, vom Subjekt abgetrennten Realität ist die *Materie*, wie wir sie seit einigen Jahrhunderten verstehen. Materialismus ist die Idee, dass die Welt als das zu meinem Gebrauch bestimmte Fremde vorliegt. Etwas als *lebendig* gelten zu lassen bedeutete schon, zu viel Verwandtschaft zwischen mir und den Dingen anzuerkennen. Zum Beispiel wäre die Brutalität der Massentierhaltung und der industriellen »Fleischproduktion« dann nicht erträglich.

Dass das angeblich Fremde mir ganz zur Verfügung steht, ganz und gar für »meinen« symbolischen Prozess *zu haben* ist, ist zuletzt nur dann scheinbar gewiss, wenn ich es machen kann. Es ist daher verständlich, dass das Nachmachen und Optimieren der lebendigen Organismen zum Zwecke der totalen Verfügung eines der Ziele der technologischen Revolution sein muss. Es ist weiter verständlich, dass eine solche Haltung eine Vorliebe für alles Machbare überhaupt für *Geräte* hat und dass sie versucht, eine durch und durch *gemachte* Umwelt hervorzubringen. Dass inzwischen über die Hälfte der Weltbevölkerung in Städten lebt, liegt in dieser Konsequenz. Und auch das zunehmende Aussterben und Zerstören der Wesen, die wir nicht gemacht haben, liegt in dieser Konsequenz.

Das Ausufern des symbolischen Prozesses im Dienste eines imaginären Selbsts impliziert die Entwertung des Unmittelbaren zugunsten des Mittelbaren, des Abbilds, der Reproduktion, des Wissens. Wie sehr die technologische Revolution mit dieser Tendenz verknüpft ist, zeigen gerade die Massenmedien Fernsehen und Internet, die ja nichts anderes sind als der scheinbar allgegenwärtige, mit allen Segnungen der Technik ausgestattete symbolische Prozess. Kein Wunder, dass in ihnen Geist nicht vorkommt. Ereignisse kommen vor, Bilder, Bedeutungen, die Erregung produzieren und in der Masse kaum mehr bewirken, als dass wir uns immer tiefer in den längst von allen unseren konkreten Bedürfnissen entfesselten symbolischen Prozess involvieren. Nicht anders steht es mit dem, was als Wissen bezeichnet wird. Die uns angepriesene *Wissensgesellschaft* bedeutet eine nochmals gesteigerte Tyrannei des symbolischen Prozesses.

Was wäre dem allen gegenüber eine Ethik, die die Realitäten von Geist und Sinnen berücksichtigte? Der Geist *lässt sein*, er ist kein Symbol, das behauptet und verteidigt werden muss, und gerade deswegen verhindert nichts an ihm seine Offenheit für alles, was erscheint. Der Geist ist seinem Wesen nach friedfertig, und er schenkt, je mehr man auf seine Realität aufmerksam wird, tatsächlich Frieden. Wenn man sich in einem solchen Geiste des Seinlassens und nicht etwa zweckgerichtet seinen Mitmenschen und auch der Natur zuwendet, verspürt man mit ihnen eine unmittelbare Verbundenheit. Für das Geistige in uns ist Macht schlicht irrelevant. Es hat keinen Bedarf an *Images* und ist nicht ungeduldig auf die Zukunft gespannt. Es fürchtet sich nicht einmal vor dem Tod. Seine zentrale »Aktivität« ist das *Raumgeben*. Raumgeben ist *Seinlassen*, Offenheit für das, was erscheint. Man kann (als psychischer Akt) nicht raumgeben und raumgreifen zugleich, aber beides gehört nicht wirklich derselben Ordnung an. Denn wenn der Geist in uns nicht raumgibt, ist nichts zum Raumgreifen da. Raumgreifen ist unbewusst nicht nur eine Ausbeutung des anderen, sondern eine Selbstausbeutung, eine Verengung und Verdunkelung der eigenen raumgebenden geistigen Natur. Wenn es einen psychischen Akt gibt, der diese Natur zum Vorschein kommen lässt, dann nur das Zulassen, die Hingabe. Es ist klar, dass diese geistigen Fähigkeiten als *Weiblichkeit* und *Schwäche* bis heute verpönt sind, trotz der mäßigen Erfolge der Emanzipationsbewegung.

Je weniger wir uns selbst für ein symbolisches Wesen halten, das wir glauben verteidigen zu müssen, je mehr wir damit zufrieden sind, offen und undefiniert zu sein, desto mehr erscheint uns der Geist als etwas Tragendes, als die immer gegenwärtige, friedvolle Basis unseres Daseins. Der Geist ist still, ruhig, unerschütterlich und auf eine subtile Weise erfüllend. Er ist die Ruhe in aller Unruhe, die Lebensfreude trotz aller Unzufriedenheit. Wir neigen dazu, dies nicht zu bemerken, weil es subtiler ist als die oberflächliche Befriedigung, die aus dem Haben oder Konsumieren symbolischer Inhalte erwächst. Man sagt uns dies nicht nur aus Unwissenheit nicht, sondern auch deshalb, weil massive ideologische und kommerzielle Interessen in der gegenteiligen Richtung bestehen. Ich glaube, dass sich eine Ökologiebewegung, die sich innerhalb des materialistischen Paradigmas bewegt, die nur auf Schäden hinweist und sich um Grenzwerte streitet, letztlich im Hintertreffen bleiben muss, weil sie die grundlegende Projektion von Fremdheit, auf der das entfesselte Verfügen beruht, nicht infrage stellt. Diejenige gegenständliche Natur, die als Material der Machbarkeit dienen soll, ist eine völlig andere als die, die mir im Aufblühen der Sinne nahe geht. In den Debatten um Natur- und Umweltschutz geht es deswegen viel mehr, als den Teilnehmern vielleicht bewusst ist, um *Grundhaltungen* dem Leben gegenüber. Auch dies ist vielleicht ein bedeutsamer Befund, denn der massenmediale Mainstream leugnet schon die Tatsache, dass es verschiedene Grundhaltungen von einiger Konsequenz gibt. Es kommt also auf jeden Einzelnen an, denn nur der Einzelne kann die kulturell leitenden Imaginationen hinterfragen.

Es wäre vielleicht nicht sinnvoll, die technologische Zivilisation pauschal zu verdammen. Aber wenn sich unser Interesse vom Verfügen zum Seinlassen, vom Raumgreifen zum Raumgeben verlagern würde, dann würde sich unser Umgang mit der Technik grundlegend verändern, und dieser ganze Bereich des Lebens würde sicherlich weniger wichtig werden. Ohne eine solche Interessensverschiebung wird die gegenwärtige Entwicklung eher früher als später zu Zerstörungen zunehmend größeren Ausmaßes führen. Dass eine einseitige und seelisch verkümmerte Lebensweise destruktive Folgen hat, kann eine Lehre sein, aber wir sollten eine solche Lehre gar nicht benötigen. Einseitigkeit und Verkümmerung wären an sich Grund genug, etwas zu ändern.

Barbara Neuwirth

DER GROSSE WALD

Wir waren am großen Wald angelangt, hinter uns lag die Grenze. Die Nachlässigkeit, mit der die Grenzsoldaten unsere Visa betrachtet hatten, ihr allzu kurzes Durchwinken dann, während sie ihre Schritte bereits wieder in das Wachthaus lenkten, war überraschend für uns gewesen.
Der Wald hatte klare Herbstfarben angelegt, gelbe und rote Baumkronen flossen ineinander und flirrten in der sanften Nachmittagssonne.
Aus Anspannung schwiegen wir. Der Wald ist schön, hätten wir sagen können, oder: Das ging aber leicht an der Grenze. Aber nichts davon hätte das Gefühl angesprochen, das uns stärker als die Schönheit oder das Desinteresse der Grenzer gefangen nahm.
Ich sah kurz zu Stefan hinüber, aber mein Blick durchdrang – wie eine unangemessene Belästigung – seine Selbstbezogenheit nicht, sogar als er ihn flüchtig erwiderte.
Wir fuhren hinter Mathias her. Die Straße schlängelte sich sanft abwärts, doch die Bäume verdeckten die Aussicht. Dann öffnete eine Gerade einen weiten Blick in eine gewaltige Talsenke, die bewaldet bis in jede Ferne schien. Durchs offene Fenster flutete Herbstluft herein.
Mit einem Mal hatte ich das Gefühl, dass es ein Fehler gewesen war, Stefan mitzunehmen. Ich hätte allein reisen müssen, ebenso wie Mathias auf dem Motorrad. Wenn Stefan etwas zustieße auf der Reise, würde es meine Verantwortung

sein. Stefan wäre ohne mich niemals auf die Idee gekommen, hierherzukommen. Ursprünglich hatten Mathias und ich eine Motorradreise geplant gehabt, aber nun saß ich am Lenkrad eines Autos neben einem, für den ich mich verantwortlich fühlte. Andererseits, gerade das Unabschätzbare der Reise hatte uns zu ihr bewogen, und als Mathias die absurde Idee ausgesprochen hatte, ins strahlenverseuchte Sperrgebiet zu fahren, hatten die Männer schnell ein Einverständnis darüber gefunden.

»Sollen wir umkehren?«, fragte ich.

»Und Mathias?«

Eine seltsame Dreieckssituation hatte sich im Lauf der Reise eingeschlichen.

»Der muss dann natürlich auch umkehren.«

Stefan schüttelte den Kopf. »Es ist doch seltsam schön hier.«

Seltsam schön. Ja, etwas war da, was die Schönheit erdrückte. Eine Maske, fiel mir ein, wir sehen nur eine Maske.

Mathias fuhr sehr schnell jetzt, ich hatte den Eindruck, dass er das Auto abhängen wollte, und gab Gas. Die Straße führte gerade in den Wald, und ich wünschte mich selbst auf den Sitz meines Motorrades, vorwärtsgetragen von der Maschine, gegen den Fahrtwind gestemmt. Ich stieg noch ein wenig mehr aufs Gas, weil Mathias schon weit vorne war, lockerte den Fuß aber sofort, als Stefan zu mir herübergriff.

»Passiert da gerade etwas?«

Sein sarkastischer Ton ließ mich vom neuerlichen Tritt auf das Gaspedal Abstand nehmen.

Mathias war nun schon sehr weit entfernt, als plötzlich die Bremslichter aufflammten. Ruckartig riss es das Motorrad aus der Spur, es flog in die Luft und legte sich im Sprung flach. Während es auf den Wald zusegelte, löste sich Mathias' Körper von der Maschine, drehte sich im Flug und stürzte auf den Waldrand zu.

Das Motorrad raste gegen die Bäume, Funken stoben, als

sie an zwei, drei, mehr Stämmen vorbeiradierte, sich überschlug und rotierend gegen einen weiteren Stamm prallte. Die Baumkronen der touchierten Bäume zitterten, während die Maschine zur Ruhe kam.
Ich war auf die Bremse getreten, als ob der Stillstand meines Autos Mathias' Unfall hätte stoppen können, fuhr aber jetzt wieder los. An der Unfallstelle war die Straße von einer Serie großer Schlaglöcher zerrissen. Tiefe Spurrillen durchfurchten den Asphalt kreuz und quer. Davor warnte kein Verkehrsschild.
Mathias war völlig ungebremst in die Schlaglöcher und Schrägfurchen geraten.
Stefan sprang aus dem Auto und lief zu Mathias. Als ich die beiden erreichte, waren Mathias' Augen offen. Ich beugte mich zu ihm und betrachtete besorgt die Gliedmaßen, an denen keine Verletzung zu erkennen war. Langsam richtete Mathias sich, gestützt von Stefan, auf. Ich hatte Angst, sein Kopf könnte blutig sein, zerfallen, wenn er den Helm abnähme, starrte ihn an, als er den Ledergurt seines Helms öffnete und ihn abhob. Ich wartete auf das Blut. Aber da war kein Blut. Mathias' Gesicht war blass, doch er war völlig unverletzt.

Die Stadt war nach der letzten Atomreaktorkatastrophe abgerissen worden, am Rand dieser ehemaligen Siedlung, an deren Stelle inzwischen wieder Bäume von beachtlicher Höhe standen, war die Barackensiedlung, in der auch eine Unterkunft zu finden war.
Als wir den Schankraum betraten, blickte der Wirt auf: »Unsere Behörden werden immer liberaler«, er drehte sich zum Gläserregal um und ergänzte auf einem ausgehängten Blatt einen Strich, »die vierzehnte Touristengruppe dieses Jahr. Aber irgendwie müssen sie uns ja Einkommensmöglichkeiten verschaffen, nachdem das Leben nun wieder normal abläuft an diesem gottungefälligen Ort, nicht wahr?«

Die Begrüßung befremdete, aber ehe ich den Mund aufmachen konnte, verlangte Mathias nach einem Bier.
»Gibt es alles bei uns.« Während der Wirt eine Flasche unter der Budel hervorholte, fiel mein Blick auf drei im Dämmerlicht einer Nische sitzende Männer, die uns anstarrten.
Stefan und Mathias nahmen an einem der Tische Platz, stießen mit den Flaschen an. »Wir brauchen eine Unterkunft.«
»Zwei Zimmer gibt es«, sagte der Wirt mit süffisantem Unterton, »in jedem Zimmer sind zwei Betten.«
»Für mich einen Tee, bitte«, sagte ich.
Ich setzte mich zu den Freunden, berührte Mathias' Unterarm, lächelte ihn fragend an: »Geht es?«
»Geht schon wieder«, sagte er, und dann zum Wirt: »Mein Motorrad liegt im Wald neben der Straße. Gibt es eine Werkstätte, irgendwo?«
Die Männer in der Nische begannen zu lachen, dann stand einer auf und kam aus der Dunkelheit heraus.
»Werkstätte gibt es hier keine. Es gibt die große Halle bei der Reaktorruine, wo sie weiß der Teufel was machen.«
Mathias' Pupillen huschten hin und her. Die Maschine war unbrauchbar, aber es widerstrebte ihm, die Gefährtin vieler Reisen liegen zu lassen wie einen Haufen Schrott. »Man müsste sie von der Unfallstelle holen und sehen, was sich machen lässt.«
»Ihnen ist gar nichts passiert?«, mischte sich der Wirt ein und stellte den Tee vor mich hin.
»Mir? Nein, ich bin im Auto gefahren.«
»Das Motorrad war vorne«, sagte einer der Männer. Sie sprachen, als ob sie Augenzeugen des Unfalls gewesen wären.
»Haben Sie Straßenschilder entfernt?«, fragte ich.
»Straßenschilder gibt es bei uns keine. Wir kennen die Strecke sowieso. Und Fremde kommen hier nie durch.«
»Vierzehn Touristengruppen dieses Jahr! Wie viele Unfälle hat es bei diesen Schlaglöchern gegeben?« Ich war wütend.

»Mehrere«, die Stimme des Mannes, der nun wieder ins Dunkel der Nische zurückwich, war teilnahmslos.
»Und warum sind dann dort nicht Schilder aufgestellt worden?«
»Der Staat kümmert sich eben nicht«, sagte der Mann und wieder begannen alle zu lachen.
»Und Sie auch nicht!«, schrie ich, »Sie hätten ein Gefahrenzeichen basteln müssen, dort können Menschen zu Tode kommen –«
»Gibt es etwas zu essen?«, fragte Mathias, er hatte seine Maschine aufgegeben.
Der Wirt verschwand in einem kleinen Raum hinter der Ausschank, wir hörten Teller klappern.
»Jedenfalls nichts zum Auswählen«, resignierte ich.
Die Männer aus der Nische standen auf und kamen in den Schein der Glühbirne. Sie waren in schmutzige Militärhosen und -jacken gekleidet. Keiner von ihnen sah sympathisch aus, ihre groben Gesichter hatten einen primitiven Ausdruck.
Neben der Eingangstür hatten sie – ich bemerkte das erst jetzt – Gewehre abgestellt gehabt, die sie vor dem Hinausgehen schulterten.
»Bis morgen«, riefen sie in die Küche. Uns ignorierten sie.
»Das war vielleicht keine so gute Idee –«, begann ich.
»Jetzt müssen wir ins Zentrum, damit es sich gelohnt hat«, erwiderte Mathias.
»Mathias kann nicht allein schlafen, falls es noch Komplikationen gibt«, sagte ich zu Stefan, als Mathias kurz den Tisch verlassen hatte.
»Soll heißen –?«
»Ihr beide?«
Stefans Blick war unergründlich.
Aber als wir zu den Schlafbaracken gingen, schlug er Mathias leicht auf die Schulter, »wir beide«, und ich ging allein in eine der Wellblechhütten mit den Gittern vorm Fenster und dem schweren Riegel an der Tür.

»Da kann nichts rein«, hatte der Wirt gesagt, und ich dachte: Und hinaus wahrscheinlich auch nicht, wenn es so beschlossen wird.

In der Abenddämmerung hatte sich ein Wind erhoben, der nun zum Sturm angewachsen um die Hütten tobte und das Laub von den Zweigen riss.

»Das wird eine Nacht, in der sogar die Jäger zu Hause bleiben«, hatte der Wirt gesagt, und ich fragte mich, wo in diesem Land ein Zuhause liegen könnte.

Mit einem Schlag war Ruhe um mich. Davon aufgeweckt, lag ich horchend, ehe ich die Taschenlampe auf den Wecker richtete. Sechs Uhr.

Dann hörte ich neben der Baracke einen grässlichen Schrei. Er klang tierisch und stammte doch, das wusste ich augenblicklich, von einem Menschen. Einem, der jenseits aller Vernunft war. Mir fielen die Strahlenkranken ein, an denen angeblich Experimente vorgenommen worden waren, Berichte über Menschen mit veränderten Körpern und mit veränderten Hirnen, Berichte über Menschen, die andere verletzt hatten wie Tiere und auch sich.

Ein weiterer Schrei. Näher? Ich wagte nicht, den Kopf zu heben. Keine Bewegung. Es nicht herlocken durch eine Bewegung. Der starke Riegel. Die Fenstergitter. Laub wurde aufgewirbelt, etwas näherte sich. Mein Herz klopfte rasend schnell. Ein Arm oder Stock schlug schwer gegen die Tür meiner Baracke. Ich zog mir die Decke über den Kopf, versteckte mich zitternd darunter. Um Hilfe rufen, wie kann jemand in dieser Angst um Hilfe rufen? Hieße um Hilfe rufen nicht die Gefährdung anderer? Kein Wort konnte meinem angstvertrockneten Mund entkommen.

Ich hörte die Federn meines Bettes schwingen. Mein Zittern. Was, wenn dieses Wesen nun vor dem Fenster stehen würde, hereinspähte, um zu sehen, ob wer im Raum sei? Ich musste leiser atmen, damit die Decke sich durch meinen Atem nicht bewegte.

Gottungefällig. Wenn Gott mit Vernunft gleichzusetzen war, mit Respekt und Erbarmen, dann hatte dieser Ort etwas Gottungefälliges.

Der Wecker läutete. Ich erschrak, und während ich mich streckte, um ihn abzustellen, sah ich das Licht. Was war geschehen in dieser Nacht? Durfte ich die Tür öffnen, ins Freie treten?
Dann hörte ich Stefan und Mathias aus ihrer Baracke kommen. Ich sprang auf und verließ die Hütte. Um uns erstrahlte ein eisblauer Tag. Der Wind hatte sich gelegt, doch der Wald war entlaubt.
»Habt ihr das gehört in der Nacht?«, rief ich den beiden zu.
Sorglos kamen sie Seite an Seite heran.
»Was?« Stefan war neugierig.
Neugierig; er hatte nichts gehört.
»Du auch nicht?«
Mathias neigte den Kopf.
»Was war denn?« Stefan interessierte sich für meine Aufregung.
»Dieser Schrei.«
Die Männer sahen mich erstaunt an, schüttelten die Köpfe.
»Es war jemand hier vor meiner Baracke, der hat ganz verrückt geschrien und dann hat er an die Tür geschlagen. Mir blieb vor Aufregung fast die Stimme weg.«
»Du musst geträumt haben.« Die Ungeduld in Mathias' Stimme resultierte sicher aus seiner Abwehr gegen weitere Aufregungen nach dem Unfall.
»Und dann?«, fragte Stefan.
»Da war sicher nichts, wir hätten es doch auch hören müssen.«
»Ja, das hättet ihr.«

Der kahle Wald verströmte eine sanfte Poesie, zerschnitten von kleinen Wunden: niedergewalzten Dörfern, deren ehe-

malige Existenz sich vor allem durch das Alter der Bäume verriet. Nichts, was menschliche Besiedelung bewies, war verblieben und dennoch war der Wald unnatürlich.
»Alles ist so ebenmäßig, das Unterholz wächst geordnet wie der Aufmarsch einer Kadettenschule.«
Mathias, der auf dem Rücksitz Platz genommen hatte, runzelte die Stirn, aber Stefan, der wenig Bezug zur Natur hatte, meinte nur: »Bald haben wir es geschafft.«
Das Unangemessene unserer Reise machte mir heute mehr als an den vorhergehenden Tagen zu schaffen. Was hatten wir an diesem tragischen Ort verloren? Mathias hätte verletzt oder tot sein können, nur wegen eines absurden Umweges.

Der Winter hat in der Nacht begonnen, hatte der Wirt gesagt, und ich hatte gefühlt, dass wir dieser Kälte ausweichen sollten, aber wieder geschwiegen.
»Es gibt keine Tiere hier«, beugte sich Mathias nach vorne.
»Vielleicht sind sie nur in der Nacht unterwegs.« Ich dachte an den Schrei. Aber das war kein Tier gewesen.
Dunkle Regenwolken schleiften ihre Bäuche über die Baumwipfel, dichteten das Land gegen die Sonne ab. Ich schaltete das Fernlicht ein.
»Wir hätten über Weißrussland zurückfahren sollen«, sagte ich. »Dann hättest du dein Motorrad noch.«
»Vergiss das Motorrad.«
Ich sah in den Rückspiegel zu Mathias.
»Das, was wir hier erleben, ist das Motorrad allemal wert.«
Obwohl ich ihn nicht verstand, schien irgendetwas davon Stefan zu berühren, der sich aufrichtete. »Rauchpause«, sagte er.
Überrascht stieg ich auf die Bremse.
Die Männer stellten sich schweigend zusammen. Es war kälter geworden und ehe Stefan seine Zigarette gerollt hatte, fröstelte mich. »Ich setze mich wieder ins Auto, mir ist kalt.«
Aus dem Auto sah ich die Unterhaltung der Männer. Stefans

Gesicht war weich, ratlos. Er sagte nur kurze Sätze, war mehr Zuhörer. Seine Zigarette war erloschen und er entzündete sie erneut. Nun nahm sein Gesicht einen Ausdruck an, der mir als Nachdenken über eine Entscheidung bekannt war. Dann sagte er ein Wort. Ich hörte es nicht. Aber ich sah es.
Ja.
Der Wald öffnete sich, vor uns türmten sich Erdwälle, am Straßenrand klafften Gräben breit wie Flussbette. Stefans Blick war fasziniert, das landschaftliche Chaos, das von unbegreiflichen Gewalten erzählte, reizte seine Fantasie mehr als zuvor das Ebenmaß des Waldes.
»Etwas schneller ginge es schon.«
»Damit wir dann komplett ohne Fahrzeug sind? Dein Unfall wäre auch nicht nötig gewesen, wärst du nicht zu schnell gefahren.« Ich sagte es nur, um den Angriff, den ich aus seiner Kritik heraushörte, zu parieren.
»Ein Auto verträgt mehr, und noch dazu dieses Auto.«
»Aber ich vertrage nicht mehr«, beendete ich das Streitgespräch, indem ich die Kurve zur Wahrheit nahm.
»Lass mich fahren«, schlug Mathias vor.
»Was?«
»Ich setze mich nach vorne, du nach hinten. Ich fahre sicher, du kannst dich ausruhen.«
»Bestimmt nicht.«

Vor uns tauchte das Reaktorgelände auf, von Schlammbergen gesäumt, zwischen denen ausgetrocknete Tümpel lagen. Reaktorbehälter, über deren betongrauer Verkleidung dunkle Spuren von Rissen zeugten.
Gottungefällig. Und doch war es nach dem Stand der offiziellen Vernunft damals, als die Unfälle passierten, üblich, Atomreaktoren als sichere Energielieferanten einzustufen.
Das Dorf an der Flanke des Geländes bestand aus Steinhäusern, die mit einem Verandaring einen tiefer gelegenen Platz wie eine Arena umschlossen. Das Wirtshaus, ebenfalls mit

Fenstergittern abgesichert wie alle anderen Gebäude hier, war voll. Die Männer lärmten und verbreiteten eine plumpe, ausgelassene Laune, die durch unser Auftreten etwas gedämpft wurde. Wir fanden nur Platz an der Theke, wurden dort vom Wirt aber geflissentlich übersehen. Erst als Stefan seinen Tabak auf die Schank legte, warf der Wirt einen Blick herüber.

»Drei Bier.«

Der Wirt betrachtete Stefan, ehe er nach den Gläsern griff.

»Wo leben hier die Frauen?«, fragte ich.

»Bei uns gibt es keine Frauen.«

»Aber wie können die Siedlungen auf Dauer existieren?«

Ein Mann war aufgestanden und hatte sich uns genähert. Er hatte ein klar geschnittenes Gesicht, eine feste und doch feingliedrige Figur. Obwohl er wie alle hier die hässliche Militärkleidung trug, wirkte er auf mich attraktiv. Er duftete gut. »Es geht auch ohne Frauen.« Es war nichts Aggressives in seinem Auftreten, seine Antwort lediglich die Mitteilung einer Tatsache, die mich über vieles aufklären konnte, wenngleich nicht über die biologische Fortpflanzung des Lebens hier.

»Drei Zimmer?«, fragte der Wirt.

Stefan bejahte. Ich wollte diese Nacht nicht allein verbringen, der Schrecken der letzten saß noch in meinen Knochen, und ich sehnte mich nach Nähe. Aber Stefans Distanziertheit holte den Gedanken an die Missgeburten nach den Reaktorunfällen in mein Gedächtnis zurück. Vielleicht waren die Frauen deshalb weggeblieben. Aber warum waren die Männer zurückgekommen?

»Setzt euch zu mir«, der Fremde deutete zum Tisch, »es kommen nicht oft Fremde her.«

»Vierzehn Touristengruppen dieses Jahr.«

»Nicht hier.«

Die anderen waren verunglückt oder umgekehrt, der inneren Stimme gefolgt, die ich missachtet hatte.

Ich erfuhr, dass die meisten Männer hier Jäger waren, sie der

Jagd wegen in den großen Wald zurückgekommen waren, und während Mathias mehr darüber wissen wollte, rückte ich Stefan auf den Pelz: »Mathias ist in Ordnung, wir können heute wieder ein Zimmer teilen.«
»Nein, das geht nicht.« Er bleibt uneinsichtig und verstockt. Der Fremde hatte mehr Interesse an mir. Es geht auch ohne Frauen, aber er war mir zugewandt, während Mathias ihn ausfragte. Etwas an ihm zog auch mich zu ihm. Wir hatten uns nichts zu sagen. Er schwieg, während er mich betrachtete, und ich hätte nur Fragen gewusst, die Mathias gewiss schon an ihn gerichtet hatte. Weil ich Stefans scharfen Blick kannte, wenn er Anziehung in mir ortete, vermied ich es, den Fremden anzusehen, aber seine Anwesenheit spürte ich dennoch stark.
Wir aßen denselben Fleischeintopf wie am Vortag. Brot gab es keines.
»Immer Fleisch«, klagte ich, »dabei gibt es keine Tiere zu sehen.«
Der Fremde richtete seinen Blick auf mich. »Es gibt Tiere. Wegen der Jagd sind wir ja hier.«

Unsere Zimmer lagen im oberen Stock des Wirtshauses, nebeneinander, hinter vergitterten Fenstern. Ich klopfte an Stefans Zimmertür, aber er gab keine Antwort. Kalte, weiche Betten. Als ich meine Augen schloss, sah ich den Blick des Fremden vor mir.
Stefans abweisendes Verhalten am nächsten Morgen verdeckte eine mir bei ihm bislang unbekannte Aggression. Etwas war um uns, das ich nicht verstand und das mich niemals miteinbeziehen würde. Ich stand vom Frühstück auf und begann einen Rundgang. Mein Abgang schien die Spannung zu lockern, ich hörte, wie Mathias und Stefan hinter mir zu reden begannen.
Auf den Straßen sah ich einige Männer. Über mir lag die graue Wolkendecke.

»Ist das Wetter den ganzen Winter über so?«, fragte ich einen Mann, der vorbeiging. Er sah mich nicht an, antwortete aber: »Es ist immer so.«
Gottungefällig. Aber wenn nicht von Gott geschaffen, von wem dann?
Ich drehte mich um, rannte zu Mathias und Stefan, die noch immer am Tisch saßen und sich unterhielten. Am Beginn der Reise waren sie meine Freunde gewesen. Nun waren sie mir abgewandt und einander ganz zugewandt. Ich hatte etwas verloren auf dieser Reise, nun musste ich den Verlust in Grenzen halten.
»Heute zu Mittag fahren wir zurück«, bestimmte ich.
Sie hatten verstanden.
»Gut«, sagte Stefan.
Er war mein Freund gewesen. Mein Geliebter. Nun war er einer, der sich mit mir arrangierte.
Ich trat wieder auf die Veranda hinaus, um nach dem Auto zu sehen. Aber es waren überhaupt keine Autos mehr in der Arena. Ratlosigkeit überfiel mich, dann spürte ich einen Körper, der sich plötzlich von hinten gegen den meinen lehnte. Ich roch seinen feinen Duft, hatte keinen Grund zu erschrecken. Mein Herz schlug kräftig. »Wenn du hier bleibst, musst du Jägerin werden«, sagte die Stimme. Ich schwieg aus Angst, er könnte dann darauf verzichten, weiterzusprechen. »Jäger oder Tier, du musst wählen.«
Ich drehte mich um. Sein Gesicht war schön. Sein Körper zog mich an wie ein Magnet einen Schlüssel. Aber vielleicht war auch mein Körper der Magnet und seiner war der Schlüssel.
»Was sollen das für Alternativen sein? Ich kann höchstens wählen, nur Tier zu sein, aber niemals, nur Jägerin zu sein.«
»Dann verlass den Wald. Jetzt. Deine Freunde haben sich schon entschieden. Für den Wald.«
Vielleicht war es nicht die Wahrheit, was er sagte, aber der Schmerz, mich nun von ihm zu trennen, verwirrte mich mehr als der mögliche Verlust von Mathias und Stefan. Der Gedan-

ke, bei ihm zu bleiben, war verlockend. Ich löste mich von dem Fremden, eilte zurück in die Wirtsstube.

»Jetzt«, sagte ich.

Stefan stand auf.

»Vielleicht später«, sagte Mathias.

»Später geht nicht, denn ich fahre jetzt mit dem Auto weg.«

»Dann später«, sagte Stefan und setzte sich wieder.

»Es gibt andere Autos«, erklärte Mathias.

Ich setzte mich zu ihnen. »Merkt ihr nicht, was hier passiert? Alles ist aus dem Lot. Diese Männergesellschaft ist krank. Sie nützen die alten Katastrophen als Deckmäntelchen für ihre Jagdspiele. Sie spielen sich auf als Jäger, die sich über das Animalische erheben.«

»Ich glaube, du verstehst noch immer nicht, was es heißt, Mensch zu sein«, Mathias schüttelte den Kopf, »dazu gehört jedenfalls, sich über das Animalische zu erheben.«

Der Wald war groß. Er dehnte sich in alle Himmelsrichtungen und verschlang die Erde. Er verschlang die Tiere oder was immer sie sein wollten, und die Menschen oder was immer sie sein wollten. Man muss darauf achten, wieder aus dem Wald herauszufinden, wenn man ihn erst einmal betreten hat.

Armin Thurnher

DER WALD

Subjektive Forstwege ins Thema Macht und Umwelt

»Es fällt in die Augen, dass das menschliche Leben, sofern es Vegetation ist, auch das Schicksal der Pflanzen habe. Wie sie, wird Mensch und Thier aus einem Saamen gebohren, der auch als Keim eines künftigen Baums eine Mutterhülle fordert. Sein erstes Gebilde entwickelt sich pflanzenartig im Mutterleibe; ja auch außer demselben ist unser Fibernge-bäude in seinen ersten Sprossen und Kräften nicht fast der Sensitiva ähnlich? Unsre Lebensalter sind die Lebensalter der Pflanze; wir gehen auf, wachsen, blühen, blühen ab und sterben. Ohne unseren Willen werden wir hervorgerissen und niemand wird gefragt: welches Geschlechts er sei? von welchen Eltern er entsprossen? auf welchem Boden er dürftig oder üppig fortkommen? durch welchen Zufall endlich von innen oder von außer er untergehen wolle? In allem diesem muss der Mensch höheren Gesetzen folgen, über die er so wenig wie die Pflanze Aufschluss erhält, ja denen er beinah wider Willen mit seinen stärksten Trieben dienet. Solange der Mensch wächst und der Saft in ihm grünet, wie weit und frölich dünkt ihm die Welt! Er streckt seine Äste umher und glaubt zum Himmel zu wachsen.«

Wenn es um die Umwelt geht, kommt man um den Wald nicht herum, ja man kommt kaum aus ihm heraus. In Ermangelung einer Textausgabe der »Kritischen Wälder« von

Johann Gottfried Herder, die aber keineswegs von Wäldern handeln, habe ich dieses Zitat aus dem ersten Band seiner »Ideen zur Philosophie der Geschichte der Menschheit« hierher gesetzt. Ich bin Baum, wir sind Wald, nicht mehr oder weniger scheint es zu sagen. Unsere Unternehmungen, heißt es an anderer Stelle, mögen aus übergeordneter Perspektive nicht mehr und nicht weniger bedeuten als die Aktivitäten eines Baums auf Erden. Wer ich sagt, kann Baum, wer wir sagt, kann genausogut Wald sagen.
Wer Umwelt sagt, muss sowieso Wald sagen. Man sieht zwar den Wald vor lauter Umwelt kaum mehr. Dennoch sei daran erinnert, dass das unschöne Wort »Nachhaltigkeit« aus der Forstwirtschaft kommt. Man schlägere nicht mehr Bäume, als man nachpflanzt, besagt es. Mit dieser Maxime wurde die Nachhaltigkeit zur Quelle einer mechanistischen Wirtschaftsweise, der Vermessung und Quantifizierung von Bäumen, welche die Bewirtschaftung des Waldes erforderte. Damit veränderte sich der Wald: Er wurde vom Unterholz befreit, von Mischwald auf Monokultur umgestellt und so bepflanzt, dass der Ertrag kontrollierbar, zählbar und profitabel wurde.

Umwelt ist ein seltsames Wort. Die Welt um einen herum. Die Umweltung aller Werte? Kann ich die Umwelt da draußen von meiner Innenwelt so ohne Weiteres trennen? Herder, der Stürmer und Dränger, fühlte, dass das nicht geht. Wir versuchen mit dem Wort Umwelt, uns als Naturwesen von der uns umgebenden Natur zu trennen. Menschenunbeeinflusste Natur gibt's nun einmal nicht, zum anderen bleiben wir trotz aller prometheischen Bemühung Naturwesen. Wenn wir über die Natur reden, reden wir also immer über uns selber. Skepsis gegenüber dem Wort Umwelt ist daher angebracht. Umwelt ist die Welt, die wir gestalten und mit der kleinen Vorsilbe »Um-« so weit von uns wegrücken, dass andere ihr Böses angetan haben können und aus uns ein anderes »Wir« wird, das gute »Wir-Wir«, scharf geschieden vom bösen »Ihr-Wir«. Wir, das sind wir guten Fahrradfahrer, ihr seid die Bösen, vom Autofahrer bis zum Ölkonzernlenker und Ölkriegsminister. Multiple Persönlichkeiten sind wir trotzdem allesamt.

Deswegen gibt es so etwas wie die Lust an der Apokalypse. Wir begrüßen den selbst gemachten Untergang, indem wir ihn beklagen und die Welt zur Umkehr aufrufen. Umkehr und Umwelt! Welt kehre um! Umwelt, kehr vor der eigenen Tür! Man kann die Tendenz zum Umweltfundamentalismus – der nur eine Unterabteilung des allgemein wachsenden Fundamentalismus ist – nicht von der Bereitschaft trennen, an die bevorstehende Katastrophe zu glauben. Einerseits glauben wir, sie sei wohlverdient. Andererseits trifft auf uns der Befund der Risikogesellschaft zu: Wir sind allzeit bereit, Gefahren zu verdrängen.

Einerseits fühlt sich das wohlverdiente Schicksal wohlig an, andererseits wollen wir davon überhaupt nichts wissen. Einerseits erarbeiten wir uns unser Los, andererseits wollen wir es nicht kennen. Zugleich lernen wir, uns von der publizierten und in Umweltdingen oft genug hysterisierten öffentlichen Meinung abzugrenzen, die ist doch eh bloß Gerede. Andererseits, der Klimawandel steht fest, den haben wir gemacht, oder haben wir bloß die Entwicklung der Natur bestärkt, und könnte am Ende hinter alldem nicht auch ein bisschen göttliches Design stecken?

Die UNO hilft uns mit ihrem Klimabericht bei solchen Mutmaßungen sehr, und noch mehr hilft uns die *Kronen Zeitung*, der lokale Konterpart der Weltorganisation. »Umwelt-Drama noch viel ärger«, meldete ihre Schlagzeile am Ostersamstag. Im Blatt lesen wir von »tödlichen Hitzeperioden, Überschwemmungen, Hungerkatastrophen, Dürre«. Ferner droht »ein meterhohes Ansteigen des Meeresspiegels – das weltweite Umwelt-Desaster ist noch weit schlimmer als angenommen«. Selbst die Meinungsfreiheit gerät in klimatische

Bedrängnis, denn »die schlimmsten Passagen wurden ausgerechnet von den größten Umweltsündern, USA und China, hinausreklamiert«, aus dem UNO-Bericht.
Es wäre nicht das erste Mal, dass mächtige Staaten die UNO daran hindern, eine bessere Welt zu schaffen. Neu ist allerdings, dass die *Kronen Zeitung* auf der Seite einer Organisation steht, die sie bisher eher zu den nutzloseren Quasselbuden dieser Erde gezählt hat, gleich nach dem Europäischen Parlament und dem Büro von Peter Pilz. Erderwärmung, Klimawandel und menschliche Sündigkeit machen es möglich. Und natürlich das Schielen nach der Auflage, denn Umwelt – das will die Welt lesen.

Wo aber bleibt der Wald? Vor zwanzig Jahren hörte man, er sitze auf Nadeln, seine Tage seien gezählt, und jetzt wächst er, als wäre nichts geschehen. Er hat eine lange romantische Metapherngeschichte, die Lichtung, auf der die Blaue Blume blüht, wo der Vogel als Prophet seltsame Lieder singt. Später wendete sich die Freude am Wald ins Braune. Der deutsche Wald wurde vom Inbild der Innerlichkeit zum Abbild von Abscheulichkeit. Gerne nennen sich heute reaktionäre Publizisten »Waldgänger«, Stifter nachlallend, auf dessen teils katastrophisches Waldbild wir uns hier nicht einlassen. Man kann sich mit dem Hinweis trösten, dass der Wald nicht nur in Deutschland wächst, sondern auch anderswo. Wo er selbstverständlich ebenfalls als Metapher dient, man denke nur an James Fenimore Cooper, Henry David Thoreau (Walden!) oder Ralph Waldo (!) Emerson.
»Der Gefühlswert des Wortes hat sich im Lauf der Zeit stark verändert. Im Mittelalter gilt der Wald als ein unwirtlicher Ort, wo wilde Thiere und böse Geister ihr Wesen treiben, wo der Mensch aber nicht gerne weilt. Darum tritt in Dichtungen Wald für die Einöde, Wüste des Orients ein.« Wüster Wald statt Westerwald, davon sind wir weit abgekommen. Der Wald ist längst unser Wald, denn, wie es im »Deut-

schen Wörterbuch« von Jacob und Wilhelm Grimm unter dem Stichwort »Wald« heißt, »allmählich verlor der Wald, der ungeheuren Rodungen anheimfiel, seine Schrecken und je mehr man in Deutschland zu einer Lebensweise überging, bei der viele Menschen dichtgedrängt nebeneinander wohnen muszten, desto mehr regte sich die Freude an der Freiheit und Ungebundenheit, der Stille und Schönheit des Waldes«.

Kennt jemand den Wald, den metaphernreichen, als Wirtschaftsmetapher? »In der Unternehmerphase«, lese ich in einer betriebswirtschaftlichen Studie des Bremer Soziologen Michael Windzio, werde »die Verteilung von Gründungen und Schließungen durch die ›Wald-Metapher‹ beschrieben. Kleine, junge Unternehmen verdrängen große, ältere sukzessive aus den Märkten und ersetzen diese. Wie also beim Austausch älterer Bäume durch kleine, jüngere in einem Wald. Die Betriebspopulation eines Marktes wird nach der Wald-Metapher permanent erneuert. Es müssten demnach eigentlich eher größere, ältere Organisationen höhere Sterberaten aufweisen.« Weit gefehlt. Am ehesten folgten verwüstete Märkte der Waldmetapher, der Holz- und der Möbelmarkt liegen ironischerweise bei den kaputten Märkten im Spitzenfeld.

Geht man in sich, wenn man in den Wald geht? Wald kann auch so viel bedeuten wie: eine Menge von Dingen – ein Wald von Lanzen, ein Wald von Tüchern, ein Wald von Häusern – nein, das gerade nicht. Aber Wald und Wust, das ist nicht so weit auseinander, wie man meinen möchte. Das Innere des Menschen, ein Wust, ein Wald, in dem man sich verläuft. Im Wust der Dinge in einem drin sich verirren und sich vor dem Hexenhaus im Innersten fürchten.

Die Wälder meiner Heimatgegend waren durchwegs begehbar; die Bäume standen so locker, dass man im Winter mit Schiern zwischen ihnen fahren konnte, was zwar manchmal gewagt war, aber meistens gelang. Auf dem weichen, durch die Nadeln gebildeten Waldboden ging man federnd; eine Erholung vom Geröll beim Abstieg, eine Lockerungsübung beim Aufstieg. Licht fiel schräg von oben zum Boden, es war untertags nie dunkel, Unterholz oder Gestrüpp gab es nur am Waldrand. Dort, wo frisch geschlägert worden war, wuchsen Brombeeren und Himbeeren. Nur ein paar Jahre lang, denn hier wurde nachhaltig gewirtschaftet. Hier griffen Förster durch, einen Urwald kann man nicht durchwandern. Der Wald, beinahe ein Innenraum. Im gedämpften Licht, unter dem Dach der Bäume, redet man freier. Man muss auf Wurzeln achten, wenn man auf- oder absteigt, der Wind lärmt mächtig im Gezweig, es rauscht und ächzt, und doch ist der Wald ein Ort des Gesprächs, der Zivilisation. Oberhalb von ihm wartet die Baumgrenze, dann merkt man erst, was man an seinem Wald hat. Die Sonne attackiert das Gehirn, der Wald schien es doch zu schützen. Deswegen der Wald als Metapher der Zivilisation, der Innerlichkeit? Zumindest des schützenden Schattens.

Vor Schwärmereien schützt mich die Geschichte meiner Vorfahren, die man mir mündlich weitergegeben hat. Auf allen Seiten bricht der Wald in diese Geschichten ein. Dem einen Urgroßvater ist, weil er bis zum Bauch im Schnee waten musste, um das Holz herauszubringen, was früher leichter im Winter geschehen konnte, beim Holzfällen das Blut »verfrört«, wie es in der Verwandtschaft hieß. Der andere Großvater war nicht einmal kleiner Waldbesitzer, der war Holzknecht und brachte es trotz härtester Arbeit zu nichts außer ein paar Erfrierungen.

Wie der Wald, so die Bewohner. Von ungebildeten Leuten sagte man, ehe der Mensch die Vororte schuf, sie kämen aus dem Wald. Im Mittelalter galt es als »eine starke Verwünschung, wenn man jemand in den Wald wünschte«, heißt es bei den Gebrüdern Grimm. Die Köhler und Pecher waren harte und undurchsichtige Gesellen. Köhler und Pecher gibt

es nicht mehr, die Härte bei der Holzarbeit ist geblieben. Stämmig und verstockt sind die Holzarbeiter. Der Nachbar hat Ekzeme auf beiden Unterarmen, von der Chemie, mit der er das Aufkommen von Unterholz bekämpft. Forstwirtschaft ist für den Einzelnen nicht ohne Risiko. Man arbeitet im Akkord. Ein kaputter Rücken ist noch das Mindeste, ein ungeschickt gefällter Baum kann einen auch erschlagen, eine Kettensäge ist kein Spielzeug, Traktoren kippen, allein ist der Bauer im tiefen Tann, wenn ihn sein Frontlader zerquetscht.
Aber was soll man machen, man muss das Holz herausbringen, wenn man es im Lagerhaus kauft, kostet es viermal so viel. Holz ist ein Energieträger, und wenn Öl und Gas teurer werden, zieht auch der Holzpreis an. Man sagt, es sei der Markt, aber es ist der Holzhändler. Auch in demokratischen Zeiten ist der Forst übrigens in adeliger Hand, zumindest scheint es so; Barone, Grafen, Fürsten, Äbte und Pröpste gebieten über Fichten, Buchen, Kiefern und Tannen. Das feudale Gefühl für Zeit verträgt sich offenbar besser mit den Ansprüchen der Nachhaltigkeit.
Allerdings bedurfte es der Aufklärung und der bürgerlichen Revolution, um – bei gleichbleibenden Besitzverhältnissen – die Wälder dem Volk, also uns allen zu öffnen. Bei beinahe gleichbleibenden Besitzverhältnissen muss man sagen: Die Existenz der Bundesforste, des größten und übrigens wirtschaftlich durchaus erfolgreichen Waldbesitzers, hat etwas ungemein Beruhigendes. Manchmal auch etwas Beunruhigendes, wenn eine privatisierungswütige Regierung am Drücker ist. Erstaunlicherweise ist es an dieser Front bei uns noch ruhig geblieben. Vermutlich nicht mehr lange, davon wird weiter unten die Rede sein.
Mancher Wald wird einfach umgelegt, wenn Geld gebraucht wird. Davor schützt Adel nicht wirklich, aber die Massierung von Waldeigentum in feudaler Hand verhindert einigen Missbrauch. Holz wächst in Jahresringen, es lässt sich nur alle paar Jahrzehnte nutzen, aber nicht beschleunigt wieder

aufforsten. Der Wald wächst, wie er wächst, das verstehen Leute, die in Zeitdimensionen von mehreren Generationen denken, besser.

Einst diente der Wald als Rückzugsort für Räuber, als Versteck für die Rächer der Enterbten, für Robin Hood und seinesgleichen. In der Stadt, wo das Böse herrscht, kommen die edlen Räuber dann zu Tode. Der Wald ist der klassische Ort für Partisanen, für Einzelne, die mit geringen Menschenmengen gegen große Reiche kämpfen, vom Teutoburger Wald über den Balkankrieg bis nach Vietnam. Shakespeares Wald in Macbeth nicht zu vergessen, der sich am Ende doch bewegt und sich als gut getarntes, todbringendes Heer herausstellt. Agent Orange, das Pflanzengift der Amerikaner, richtete sich in Vietnam gegen den Wald und damit gegen die Menschen. Es entlaubte die Bäume, damit diese keinen Blickschutz mehr böten, und wurde ebenso zur Metapher lebensfeindlicher Grausamkeit wie der verbrannte Wald bei Karl Kraus in »Die letzten Tage der Menschheit«: »Die Seele war in meinem Dom, / ihr Christen hört, ihr ewges Rom! / In meinem Schweigen war das Wort. / Und euer Tun bedeutet Mord.«

In Hainburg wurde ein Auwald zur Kampfstätte der österreichischen Innenpolitik, und nur ein Wald machte es möglich, dass die politischen Leidenschaften so gebündelt auftraten. Unvergesslich, wie die entschlossenen Forstarbeiter ihre Kettensägen anwarfen, um mit dem Geheul der Motoren die Demonstranten einzuschüchtern. Unvergesslich, wie die ersten paar fallenden Stämme die Entschlossenheit dieser Stadtkinder anstachelten.

Unser Wald, wir erkennen es an da und dort aufgeschichteten Stämmen, an aufgesprayten oder mit Kreide angebrachten Markierungen, an tiefen Spuren bereifter Fahrzeuge, ist kein Kampfgebiet mehr, er ist Wirtschaftsgebiet. Es gibt in unseren Breiten kaum unbewirtschaftete Wälder. Es wird geschlägert

und gepflanzt, der durchschnittliche Fichtenwald in Niederösterreich lässt sich nur auf Holzwegen begehen; die dünnen Stämme stehen so knapp beieinander, dass kein Durchkommen ist. In den Alpen herrscht eher der Kathedralenwald vor.
Andererseits – Wirtschaft ist Krieg, ein Wirtschaftsgebiet ist eben doch ein Kampfgebiet, wenn auch ein sublimiertes. Der verbrecherische Zugang hat noch weniger Zeit als der kapitalistische. Um Grünland in Bauland zu verwandeln, zünden Mafiosi Wälder an, und das in Gegenden, wo diese ohnehin nur mehr spärlich sind. Das würden Marxisten der Phase einer primären Akkumulation zurechnen, in der immer das Verbrechen regiert, ehe die Besitzenden nach dem Gesetz rufen. Den Brandstiftern kommt zustatten, dass in südlichen Ländern Wälder nicht mit Waldwegen erschlossen werden, was im Brandfall der Feuerwehr den Zugang versperrt, und dass sie nicht durchforstet, also vom Unterholz und von gefallenen Stämmen befreit werden, wodurch die Flammen umso schneller um sich greifen.
Waldbrand und Verbrechen: Der Wald ist durchaus symbolkräftig geblieben. Die Attacke der Brandstifter auf den Wald, die entweder Bauland gewinnen oder mindestens von der Neubepflanzung profitieren wollen, trifft deswegen so sehr, weil der Wald uns allen etwas bedeutet. Er steht, und er steht für Gemeinschaftseigentum. Auch wenn er privat genutzt wird, gehört er doch uns allen, produziert Sauerstoff, bindet Schadstoffe, erhält Leben. Was schnell zerstört wird, ist manchmal unwiederbringlich dahin (im Fall der Amazonaswälder), oder es dauert lange, bis es wieder nachwächst, wie etwa tausendjährige Olivenhaine.

Der Wald steht für Gemeinschaft. Das hat einer der schärfsten Beobachter und Kritiker unserer Gegenwart, der Publizist Claus Koch, am Beispiel eines kleinen Skandals hervorgehoben, der heuer entstand, als Chinesen einen 500 Hektar großen Wald beim niedersächsischen Celle kaufen wollten. Das berührt Fragen der durch globalistisches Wirtschaften bedrohten nationalen Souveränität. »Das Schwinden des Nationalgefühls für den Wald als ein kollektives Erbe, das nicht ohne Weiteres zu einem Gut umgewandelt werden kann, ändert nichts daran, dass die Entäußerung nationalen Territoriums nunmehr zu einem politischen Thema von großer Brisanz werden wird.«

So wird der Wald wieder einmal zum politischen Schauplatz, wie Claus Koch im 85. Brief von »Der neue Phosphorus« zeigt: »Eine Waldpolitik, die heute ins Werk gesetzt wird, ist unvermeidlich Gesellschaftspolitik in eine Zukunft hinein, die zunächst durch Prognosen eingeschätzt und erklärt werden muss. Zwanzig bis dreißig Jahre sind für eine biologische Generation des Menschen wie des Waldes eine plausible Zeitstrecke, die projektiv erschlossen werden kann. Die Regierungen können, aber müssen auch diesen Zeitraum in Betracht nehmen. Noch einmal: Die Staaten sind, wenn sie ihre Nationen auf eigenem Territorium behaupten wollen, durch die Globalisierung zu einer Waldpolitik, die immer auch Gesellschaftspolitik sein muss, geradezu gezwungen. Sie dürfen diese Pflicht nicht dem Markt überlassen. Dem Markt, der zudem von anderen Staaten ohne Rücksicht auf andere benutzt wird.«

Deswegen taugt der Wald auch als Metapher für öffentliches Eigentum, er ist ein Symbol für eine Gesellschaft, die noch ein Interesse daran hat, sich selbst zu organisieren und vernünftig zu verwalten. Dabei geht es nicht um die Verteidigung nationaler Interessen, wie Koch zeigt, obwohl Länder mit wenig Wald natürlich ihre Industrien mit Rohstoffen versorgen müssen. Es geht um die Politisierung der Rohstofffrage schlechthin, was ja jüngst auch am Konflikt um die Arktis sichtbar wurde. Globalisierung stellt die Frage nach dem öffentlichen Interesse und den Grenzen des Privateigentums sehr sinnfällig am Beispiel des Waldes. Der Wald schert sich weder um die Dauer der nächsten Legislaturperiode noch um die Finessen von europäischer Verwaltung und Brüsseler Machtgeplänkel. Waldpolitik: Die Pfadfinder sind schon da. Denn das menschliche Leben strebt danach, sich nicht mit dem Schicksal von Pflanzen zu begnügen.

BIOGRAFIEN

Frank Biermann ist Professor für Politikwissenschaft und Leiter der Abteilung für Umweltpolitikanalyse des Instituts für Umweltstudien an der Vrije Universiteit Amsterdam. Er ist auch Direktor des Global Governance Project, eines gemeinsamen Forschungsprogramms von zwölf führenden Umweltforschungsinstituten und -zentren in Europa (www.glogov.org), und Vorsitzender des Planungsausschusses für ein neues zehnjähriges internationales Forschungsprogramm über internationale Umweltinstitutionen, das »Earth System Governance Project«. Autor von über 200 Veröffentlichungen zur internationalen Umweltpolitik. Jüngste Buchveröffentlichung (gemeinsam mit Steffen Bauer): *A World Environment Organization: Solution or Threat for Effective International Environmental Governance?*, 2005. E-Mail: frank.biermann@ivm.vu.nl

Reinhard Böhm, geb. 1948 in Wien; Studium der Meteorologie und Geophysik an der Universität Wien. Seit 1973 Klimatologe an der Zentralanstalt für Meteorologie und Geodynamik in Wien mit den Schwerpunkten Hochgebirgsklimatologie und Gletscherforschung sowie Klimawandel/Klimavariabilität. Leiter des EU-Projekts ALP-IMP (1.000-jährige Klimarekonstruktion des Großraums Alpen). Umfangreiche Vortragstätigkeit mit dem Ziel, die menschliche Neugier am Funktionieren der Natur zu wecken. Absolute Maxime dabei: den aktuellen Stand der Wissenschaft klar und verständlich zu transportieren, ohne Konzessionen an die Genauigkeit und Richtigkeit zu machen. Jüngste Veröffentlichung (gemeinsam mit I. Auer, B. Hynek, Ch. Kroisleitner, W. Schöner und B. Weyss): *Gletscher im Klimawandel – Vom Eis der Polargebiete zum Goldbergkees in den Hohen Tauern*, 2007.

Hartmut Böhme, Studium der Germanistik, Philosophie, Evangelischen Theologie und Pädagogik; ab 1977 Professor für Neuere Deutsche Literatur an der Universität Hamburg; 1990–92 Fellow am Wissenschaftszentrum Nordrhein-Westfalen; seit 1993 Professor für Kulturtheorie und Mentalitätsgeschichte an der Humboldt-Universität zu Berlin. Projektleiter im DFG-Sonderforschungsbereich »Kulturen des Performativen«. Seit 2005 Sprecher des DFG-Sonderforschungsbereichs »Transformationen der Antike«.
Buchveröffentlichungen u. a.: *Kulturgeschichte des Wassers,* 1988; *Feuer Wasser Erde Luft. Eine Kulturgeschichte der Elemente,* 1996; *Netzwerke. Eine Kulturtechnik der Moderne,* 2004; *Tiere. Eine andere Anthropologie,* 2004; *Fetischismus und Kultur. Eine andere Theorie der Moderne,* 2006.

Norbert Bolz, geb. 1953 in Ludwigshafen, studierte in Mannheim, Heidelberg und Berlin Philosophie, Germanistik, Anglistik und Religionswissenschaften. Doktorarbeit über die Ästhetik Adornos beim Religionsphilosophen Jacob Taubes; Habilitation über »Philosophischen Extremismus zwischen den Weltkriegen«. 1992–2002 Professor für Kommunikationstheorie an der Universität GH Essen. Seit 2002 Professor für Medienwissenschaft an der Technischen Universität Berlin, Institut für Sprache und Kommunikation. Jüngste Veröffentlichung: *Das ABC der Medien,* 2007.

Franz Fischler, geb. 1946 im tirolerischen Absam. Studium der Landwirtschaft an der Universität für Bodenkultur in Wien. Ab 1979 Tätigkeit in der Landwirtschaftskammer Tirol in den Bereichen Umweltschutz, Bildung, Kultur und Landschaftsplanung, 1984 Bestellung zum Direktor. 1989 Ernennung zum österreichischen Bundesminister für Land- und Forstwirtschaft. In dieser Funktion war er maßgeblich an den Beitrittsverhandlungen Österreichs zur Europäischen Union beteiligt. Von 1995 bis 1999 EU-Kommissar für Landwirtschaft und ländliche Entwicklung. Vom September 1999 bis zum Jahre 2004 war er überdies für die europäische Fischereipolitik verantwortlich. Seit Ende 2004 vorwiegend beratende Tätigkeiten, Vorträge und Lehrveranstaltungen. Darüber hinaus ist er Vorsitzender des ökosozialen Forums.

Helmut A. Gansterer kam nach einem Studium der Technik (HTL Mödling), der Nationalökonomie (WU Wien) und der Werbung (Ogilvy International) zum Wirtschaftsmagazin *trend*, dem er seit 35 Jahren treu blieb. Er wurde früh Chefredakteur und Herausgeber. Heute ist er Co-Herausgeber des *trend*, Kolumnist von *profil* und freier Publizist. Als »Edelfeder« und »Allzweckwaffe« schreibt er über alles, was interessant ist und teuer kommt: Politik, Wirtschaft, Erfolgspsychologie, Motor-Luxus (autorevue), Hightech und Kunst. Er wurde mit mehreren Publizistik-Preisen ausgezeichnet, zuletzt mit dem »Kunstmediator« und dem »OscArt«.

Karl-Markus Gauß, geb. 1954, Schriftsteller und Chefredakteur der Zeitschrift »Literatur und Kritik« in Salzburg. Er veröffentlichte in den letzten Jahren vor allem Reiseerzählungen und Reisereportagen (u. a. *Die Sterbenden Europäer; Die Hundeesser von Svinia; Die versprengten Deutschen*) sowie eine autobiografische Trilogie mit literarischen Journalen (*Mit mir, ohne mich; Von nah, von fern; Zu früh, zu spät*). Seine Bücher sind in fünfzehn Sprachen übersetzt und mit etlichen Preisen ausgezeichnet worden, zuletzt u. a. mit dem »Vilenica-Preis für mitteleuropäische Literatur« (2005) und dem Manès-Sperber-Preis sowie dem Dehio-Preis (2006).

Roman Kellner, geb. 1969 in Wien, ist studierter Ethnologe, Umweltberater und Magazinjournalist. Seit 1999 Chefredakteur von »act«, dem Mitgliedermagazin von Greenpeace in Österreich. Daneben arbeitet er als Kreativberater, Performer und freier Journalist. Zahlreiche Publikationen, darunter das

Sachbuch *Von Eisbärsalat bis Knöchelverzeichnis. Die besten Verhörer der deutschen Sprache*, 2005.

Kurt Kotrschal, geb. 1953 in Linz, Studium der Biologie an der Universität Salzburg, 1981 Promotion, 1987 Habilitation. Forschungsaufenthalte an den Universitäten Arizona und Colorado, USA. Arbeiten zur Evolution der Fische und zur Funktion von Sinnes- und Nervensystemen. Seit 1990 Leiter der Konrad-Lorenz-Forschungsstelle für Ethologie in Grünau/Oberösterreich und Professor am Department für Verhaltensbiologie an der Fakultät für Lebenswissenschaften, Universität Wien. Forschung an hormonalen, kognitiven und energetischen Aspekten sozialer Organisation und zunehmend auch Mensch-Tier-Beziehung. Interesse am Verhältnis zwischen Gesellschaft und Wissenschaft. Etwa 200 Originalartikel in Fachzeitschriften sowie Buchbeiträge und Bücher.

Franz Nahrada, geb. 1954 in Wien, Studium der Soziologie und Philosophie an der Universität Wien. Über HyperCard Zugang zur Praxis computerunterstützter Wissensorganisation nach dem hypermedialen Prinzip, daraus entstehen experimentelle künstlerische und transdisziplinäre Projekte (Lexikonroman, Wissensarchiv der Ganzheitsmedizin). Gründung des GIVE-Projektes (Globally Integrated Village Environment). Dieses Projekt wird in den Neunzigerjahren organisatorischer Kern der Global-Village-Veranstaltungen im Wiener Rathaus. Zunehmender Fokus auf innovative Bildungseinrichtungen im ländlichen Raum und Netzwerke der Wissenszusammenarbeit. Buchveröffentlichung: *Wohnen und Arbeiten im Global Village*, 1994. E-Mail: f.nahrada@reflex.at, www.dorfwiki.org

Barbara Neuwirth, geb. 1958, lebt in Wien und Mitterretzbach. Studium der Geschichte und Ethnologie. 1985–1997

Verlegerin im Wiener Frauenverlag. Für ihre literarischen Arbeiten erhielt sie zahlreiche Literaturpreise (zuletzt 2006 den Anton-Wildgans-Preis für Literatur). 1996, 2001 und 2003 Writer in Residence an US-amerikanischen Universitäten. Buchpublikationen u. a. *In den Gärten der Nacht*, Erzählungen, 1990; *Im Haus der Schneekönigin*, Novelle, 1994; *Empedokles' Turm*, Novelle, 1998; *Dunkler Fluß des Lebens*, Erzählungen, 1999; sowie Theaterstücke, zuletzt *Eurydike*, 2004, und *Eurydike revisited*, 2005. www.barbara-neuwirth.com

Jörg Pietsch, geb. 1975 in Hannover, ist persönlicher Referent von Prof. Dr. Hans Joachim Schellnhuber, CBE am Potsdam-Institut für Klimafolgenforschung. Nach dem Studium der Rechtswissenschaften in Hannover und Göttingen promovierte er mit einer Arbeit zur Grundrechtecharta der Europäischen Union. Er war für eine politische Stiftung auf dem Balkan tätig und arbeitete im Deutschen Bundestag und im US-Repräsentantenhaus. Nach einer Zeit als Rechtsanwalt in einer international tätigen Wirtschaftskanzlei in Berlin wechselte er in die Klimafolgenforschung. Am Potsdamer Institut unterstützt er den Direktor bei der Vermittlung der Forschungsergebnisse in den politischen Bereich und der Leitung des Instituts.

Martin Seel, geb. 1954 in Ludwigshafen/Rhein; Studium der Germanistik, Philosophie und Geschichte in Marburg und Konstanz. Promotion 1984, Habilitation 1990 in Konstanz. 1992 Professor für Philosophie an der Universität Hamburg, ab 1995 an der Justus-Liebig-Universität Gießen, seit 2004 an der Johann-Wolfgang-Goethe-Universität Frankfurt a. M. Buchveröffentlichungen u. a.: *Versuch über die Form des Glücks*, 1995; *Vom Handwerk der Philosophie*, 2001; *Sich bestimmen lassen. Studien zur theoretischen und praktischen Philosophie*, 2002; *Paradoxien der Erfüllung. Philosophische*

Essays, 2006; *Die Macht des Erscheinens. Texte zur Ästhetik,* 2007.

Armin Thurnher, geb. 1949 in Bregenz, lebt und arbeitet in Wien und Oberhöflein. Studium der Anglistik, Germanistik und Theaterwissenschaften in New York und Wien. 1977 Mitbegründer, später Chefredakteur der Wiener Stadtzeitung »Falter« und Miteigentümer des Falter-Verlags. Zuletzt erschienen die Bücher *Das Trauma, ein Leben. Österreichische Einzelheiten* und *Heimniederlage. Nachrichten aus dem neuen Österreich.* 2001 erhielt er den Kurt-Vorhofer-Preis, 2002 den Dr.-Karl-Renner-Preis für Publizistik. Er lehrt Journalismus an der Hochschule für Musik und darstellende Kunst und an der Fachhochschule Wien.

Carsten Zimmermann, geb. 1968 in Bonn. Studierte in Bonn und Berlin Philosophie, Psychologie, Germanistik und Soziologie und schloss mit einer Arbeit über das Ich bei Meister Eckhart ab. Er lebt als freier Autor in Berlin. Wichtigste Veröffentlichungen: *Das ungegenständliche Leben,* Essays, 2006; *Von hier nach hier,* Roman, 2007; *Der Tod, das Denken, die Geräte,* in: »Scheidewege. Jahresschrift für skeptisches Denken«, 37. Jahrgang 2007/8.